PLAGES

DU NORD ET DE LA NORMANDIE

COLLECTION DES GUIDES-DENTU

GUIDES RÉGIONAUX
Format in-32

Les **Bains du Centre**, par J.-L. Macquarie, 2ᵉ édition revue et considérablement augmentée, 1 vol. richement cartonné, avec 74 gravures, cartes et plans d'excursions . . . . 4 fr.

Plages du Nord et de la Normandie, par G. Bardet, 1 vol. richement cartonné, avec 20 gravures, cartes régionales . . 4 fr.

En préparation :

Bains du Dauphiné.
Bains des Pyrénées.
Bains de la Savoie.
Bains des Vosges.

Plages de la Méditerranée et de l'Algérie.
Plages de l'Océan.
Stations hivernales de la France et de l'Algérie.

GUIDES MÉDICAUX ET DESCRIPTIFS
Format in-18

Villes d'Eaux de la France, par J.-L. Macquarie. 8ᵉ édition, 1 vol. richement cartonné, avec gravures et une carte générale des stations thermales de la France et de l'Europe . . . 8 fr.

Villes d'Eaux de l'Étranger, par J.-L. Macquarie, 3ᵉ édition, 2 vol. richement cartonnés, avec une carte générale des stations thermales de l'Europe.

Tome I. — *Espagne, Portugal et Italie* . . . . 5 fr.
Tome II. — *Allemagne, Angleterre, Autriche, Belgique, Suisse*. 5 fr.

Plages de la Manche (*Nord, Normandie, Bretagne*), par G. Bardet, 4ᵉ édition, 16 gravures, 7 cartes, 1 vol. richement cartonné. 5 fr.

MONOGRAPHIES

Dax pittoresque et thermal, 1 vol. gr. in-18 jésus, orné de gravures et richement cartonné, par Barth de Sant.ord.

Pougues-les-Eaux, 1 vol. in-18 richement cartonné.

GUIDES-DENTU

(COLLECTION DES GUIDES RÉGIONAUX — FORMAT IN-32)

PLAGES
DU NORD ET DE LA NORMANDIE
(DE DUNKERQUE AU MONT-SAINT-MICHEL)

PAR

G. BARDET

20 GRAVURES — 6 CARTES

PARIS
E. DENTU, ÉDITEUR
LIBRAIRE DE LA SOCIÉTÉ DES GENS DE LETTRES
3, Place de Valois (Palais-Royal)

1892
(Tous droits réservés.)

Toutes les mentions particulières contenues dans le texte des Guides-Dentu sont absolument gratuites.

INTRODUCTION

LA MER

J'étais seul près des flots, par une nuit d'étoiles :
Pas un nuage aux cieux, sur les mers pas de voiles
Mes yeux plongeaient plus loin que le monde réel,
Et les bois, et les monts, et toute la nature
Semblaient interroger, dans un confus murmure,
    Les flots des mers, les feux du ciel.
Et les étoiles d'or, légions infinies,
A voix haute, à voix basse, avec mille harmonies
Disaient, en inclinant leurs couronnes de feu :
Et les flots bleus que rien ne gouverne et n'arrête
Disaient en recourbant l'écume de leur crête :
    « C'est le seigneur, le seigneur Dieu !
                    V. Hugo.

    Ces beaux vers, écrits par le poète en contemplant l'Océan des fenêtres de sa maison de Jersey, peignent bien l'impression de rêverie qui s'empare de l'homme en présence des grands spectacles de la mer, lorsque, le soir, après que tous les bruits de la nature se sont apaisés, on n'entend plus que le murmure des vagues, dont les sons égaux semblent rythmer la respiration de l'infini.

    La mer, en effet, avec ses aspects changeants, ses colères et ses caresses, ne peut mieux être comparée qu'à un monstre gigantesque dont le souffle puissant se manifeste régulièrement par les marées, qui viennent chaque jour animer et transformer la vie des côtes.

Malgré l'habitude que donne un séjour constant au bord de la mer, le pêcheur lui-même ressent toujours vivement les impressions causées par la vue de cet Océan où chaque jour il risque sa vie. Chose curieuse! le matelot, revenu dans son village, n'a pas de plus chère distraction que la promenade sur la grève et, dix fois dans la journée, on le verra venir sans fatigue interroger l'horizon et repaître ses yeux d'un spectacle toujours changeant dans son immuabilité.

Si ce grand tableau de la nature a tant d'attrait pour les âmes naïves et incultes des paysans du littoral, combien, à plus forte raison, ne doit-il pas frapper ceux qui viennent passer quelques semaines sur une plage pour y admirer les merveilles de l'Océan!

Rien de plus varié que l'aspect de la mer sur les différents points où on l'observe; les paysages offerts par la Méditerranée ne ressemblent en rien à ceux de l'Océan ou des mers du Nord; et à ce point de vue particulier, la France, qui possède une étendue de côtes si remarquable, peut être considérée comme un des pays les plus favorisés.

Cette diversité dans les tableaux ne tient pas seulement, comme on pourrait le croire, à l'éclairage, à l'influence des vents et des courants; mais aussi à la configuration géologique du sol, qui influe d'une manière remarquable sur la production des grands phénomènes maritimes.

Nous croyons donc rendre service à nos lecteurs en faisant précéder la description des plages d'un exposé rapide, mais cependant assez complet, des notions d'histoire naturelle qui peuvent intéresser le baigneur et lui faciliter l'interprétation des grands mouvements dont il se trouvera forcément témoin pendant son séjour au bord ne la mer.

I. Généralités.

L'Océan couvre 375 millions de kilomètres carrés, tandis que les continents et les îles émergées ne représentent que 135 millions : il existe donc sur le globe terrestre 11 parties d'eau pour 4 parties de terre. (De Lapparent.)

Il faut se figurer la terre comme formée de montagnes et de vallées aussi bien sous les masses liquides que sur les continents; ce qui donne au relief terrestre une valeur beaucoup plus considérable qu'on ne le croit généralement. On sait que les plus hauts sommets de l'Himalaya atteignent 8,840 mètres au-dessus du niveau de la mer ; or, on a trouvé des fonds qui descendent au delà de 8,500 mètres ; par conséquent, s'il n'existait pas d'eau à la surface du globe, il y aurait une différence d'altitude de plus de 17,000 mètres entre le point le plus élevé et le point le plus déclive.

La profondeur moyenne de l'Océan est de 4,000 mètres ; mais cette profondeur est très inégalement répartie, et il existe de très grandes différences entre les altitudes des diverses régions sous-marines.

Tandis que certaines côtes, celles de la Méditerranée, par exemple, s'abîment avec une grande rapidité sous les flots, d'autres au contraire, comme celles de la Manche, s'inclinent par une pente insensible. En général, lorsqu'une côte se trouve dans une région montagneuse, la profondeur littorale est considérable ; au contraire, les bas-fonds se prolongent indéfiniment sur les bords des pays plats comme la Normandie et la Picardie, ou bien encore la Vendée et le pays des Charentes.

La température des eaux de la mer est toujours moins influencée que celle de l'air dans les mêmes régions ; elles s'échauffent beaucoup moins rapidement et se refroidissent de même.

Il y a une très grande différence à faire entre la surface et la profondeur, au point de vue de la température ; cela se conçoit, lorsqu'on se rappelle que les variations de densité provoquent dans les liquides un mouvement rapide tendant à faire tomber les masses froides, tandis que les parties chaudes tendent à monter à la surface. Grâce à ce phénomène, la couche supérieure de l'Océan, au moins sous les climats chauds et tempérés, se maintient toujours à une température relativement élevée, et ce fait explique comment les côtes de France jouissent pendant l'hiver d'un climat beaucoup plus doux que l'intérieur des terres, tandis qu'en été, en raison même de la lenteur avec laquelle s'échauffe la masse des eaux, ces mêmes régions possèdent une température très fraîche lorsque le vent souffle du large.

Les couches profondes de l'Océan sont toujours très froides, et, même à l'équateur, leur température descend à 4° lorsque le fond atteint et dépasse 4,000 mètres.

Les courants océaniques, vraies rivières à lit parfaitement indiqué au milieu des masses liquides qui leur forment de véritables rives, ont souvent leur origine dans la différence de température qui existe entre la surface et la profondeur des eaux.

C'est ainsi que le *gulf-stream*, le plus connu et le plus intéressant de ces courants maritimes, pour la France, a son origine à la surface chaude du golfe du Mexique et prend son cours vers le nord-est à la surface de l'Océan, tandis qu'un courant froid sous-marin et de sens contraire provenant des régions du pôle vient remplacer la masse liquide qui sort ainsi des régions équatoriales. L'influence du *gulf-stream* est des plus favorables sur les côtes de France, c'est lui qui donne aux rives du nord de la Bretagne la température tiède dont elles jouissent pendant l'hiver. Il est en effet très remarquable de voir les légumes pousser hâtivement à Roscoff, à Morlaix et jusqu'à l'extrémité est de la baie de Saint-Brieuc en plein mois de février, tandis qu'à 15 ou 20 kilomètres dans les terres, la neige couvre le sol.

Le caractère le plus remarquable offert par la mer et celui qui frappe le plus l'observateur, est assurément le mouvement continu dont les flots sont agités, même par le temps le plus calme ; il semble que quelque puissance inconnue produise dans les profondeurs un mouvement violent, qui se traduit à la surface par une agitation plus ou moins vive, pouvant parfois aller jusqu'aux effets les plus énormes et les plus invraisemblables.

Le mouvement des *vagues* est dû à des causes diverses dont la principale est l'action des marées, à laquelle vient souvent s'ajouter l'effet des vents. Si les deux actions agissent dans le même sens, la vague grossit, et l'on dit que la mer est *houleuse*. La *houle* se fait surtout sentir au large, et, lorsqu'on se trouve en pleine mer, les vagues peuvent atteindre des hauteurs considérables. Tandis que, sur les côtes, les vagues n'atteignent guère plus de 1 à 2 mètres de hauteur par les gros temps, les grandes vagues de l'Océan ont souvent 8, 10, et jusqu'à 15 mètres de hauteur, de telle sorte que, lorsqu'on se trouve, même sur un gros bâtiment, dans les parages de l'équateur, il n'est pas rare de se voir entre deux murailles liquides hautes comme des maisons à six étages; l'effet est alors saisissant, et il faut avoir une certaine habitude de la navigation pour ne pas craindre d'être englouti sous l'écroulement de ces masses mouvantes. Il n'y a cependant aucun danger lorsque le vent ne souffle pas en tempête, et le bateau se trouve soulevé avec la plus grande facilité jusqu'à la crête de ces vagues monstrueuses; à ce moment, l'effet devient inverse et le marin a sous les yeux un véritable abîme dans lequel il se trouve précipité par l'abaissement naturel de la vague; il va sans dire que c'est surtout dans ces traversées pénibles que le mal de mer se fait le plus vivement sentir.

Sur les côtes, la lame est d'autant plus courte que l'abaissement des côtes est moins rapide ; c'est ainsi que dans la Manche, où les grandes profondeurs sont très éloignées du littoral, les lames n'atteignent jamais une grande hauteur.

Dans le golfe de Gascogne, au contraire, où l'on trouve des fonds de 300 mètres et plus, à une très faible distance du rivage, la houle peut se rencontrer très près du bord, et l'on peut ainsi observer de fortes lames qui donnent un caractère particulier aux plages de cette région : Biarritz, Saint-Jean-de-Luz, etc.

Ces grandes lames sont même un danger pour les bâtiments, car, les côtes se trouvant toujours plus ou moins hérissées d'écueils, il arrive souvent que les oscillations considérables de la mer découvrent ces récifs et y précipitent des bateaux qui, un instant auparavant, pouvaient se trouver à une hauteur de plusieurs mètres au-dessus des bancs dangereux ; aussi un proverbe bien connu des marins basques, dit-il que dans les eaux de l'Adour, on ne doit jamais mouiller dans un fond de moins de vingt brasses.

La puissance de la vague est énorme et dépasse même ce qu'on peut imaginer à première vue ; il faut se rendre compte en effet qu'une vague représente souvent une hauteur de 2 à 3 mètres sur une longueur de 6 à 8 mètres ; c'est donc une masse moyenne de 4 à 8 mètres cubes d'eau qui se trouve lancée sur chaque mètre carré de falaise ou de digue, s'il s'agit d'un port ; or, cela fait un poids de 4 à 8,000 kilogrammes, animé en plus d'une force vive qui, lorsque le vent est violent, peut être très grande. Il ne faut donc pas s'étonner que des blocs énormes se trouvent souvent remués avec la plus grande facilité par les tempêtes.

Un ingénieur d'Édimbourg a établi, par des expériences des plus exactes, que la pression moyenne des vagues en temps calme n'est jamais moindre de 3,000 kilogrammes par mètre carré, et par les gros temps la moyenne est de 10,000 kilogrammes; pendant les tempêtes, on a vu des vagues venir battre les obstacles qui se rencontraient sur leur passage avec une puissance qui n'était pas moindre de 33,000 kilogrammes par mètre carré de la surface frappée. (Th. Stevenson.)

Aussi les effets des tempêtes sont-ils quelquefois prodigieux; lorsque les eaux lancées avec cette impétuosité, rencontrent des obstacles sur leur passage, elles jaillissent à des hauteurs qui peuvent atteindre plus de 50 mètres. C'est ainsi qu'à la pointe du Raz qui sépare la baie des Trépassés de la baie d'Audierne, les vagues qui, dans ces parages extrêmes du continent européen, viennent toujours déferler sur les côtes avec fureur, envoient souvent l'écume mouiller l'observateur qui contemple ce spectacle grandiose d'une hauteur de 80 mètres.

A la pointe de Pen'march, le sol granitique, pourtant de la plus grande dureté, qui constitue les falaises, est broyé par les flots, et la puissance des vagues qui viennent mourir sur la grève est assez forte, dans les gros temps, pour secouer avec un bruit infernal, des masses énormes de galets gros comme de forts pavés. On a vu des blocs de roches ou des massifs de maçonnerie du poids de 50 à 60,000 kilogrammes (30 à 40 mètres cubes), remués par les vagues comme de simples galets.

La connaissance de ces faits permet de concevoir le travail incessant qui s'effectue sur les côtes par l'action des vagues de la mer. Le littoral est toujours en voie de transformation, et il suffit de revenir sur une plage après un intervalle de quelques années pour être à même de constater des changements quelquefois considérables : des falaises entières s'écroulent, des récifs disparaissent; d'autres se trouvent formés, et il suffit quelquefois d'une grande marée, rendue plus violente par l'action du vent, pour que d'irréparables désastres se trouvent produits en l'espace de quelques heures.

Les roches écroulées sous l'effort d'une tempête sont reprises deux fois par jour à chaque marée par l'action incessante du flot, et sous cet effort puissant et continu, les blocs se désagrègent peu à peu, diminuent de grosseur, et arrivent à ne plus avoir que l'épaisseur de cailloux volumineux. Ils sont alors roulés par la vague, transformés en galets ronds, et entraînés par le courant qui peu à peu les use et en fait du sable qui va se déposer sur les grèves plates du voisinage. C'est ainsi que, tandis qu'un cap rocheux se trouve lentement miné par l'action des eaux, les anses sablonneuses augmentent d'étendue.

Ces transformations sont quelquefois désastreuses pour les plages ; dans certains points, comme à Trouville par exemple, la mer apporte du sable et se trouve ainsi reculée lentement au grand détriment de la grève dont l'étendue augmente de jour en jour, ce qui naturellement agrandit l'espace qui sépare du flot les monuments bâtis sur la rive. Dans d'autres points, une plage, aujourd'hui élégante et coquette, qui possède une grève à sable fin et doux au pied, se trouve en un jour couverte, par une grande marée, d'un énorme banc de galets qui devront rester à la même place au moins jusqu'à la grande marée suivante, c'est-à-dire pendant six mois, en admettant que la mer n'apporte pas la seconde fois une nouvelle charge de cailloux ; on a vu cette malchance se poursuivre pendant plusieurs années.

Un des plus beaux spectacles qu'il soit permis de contempler est certainement celui de la *mer phosphorescente*, fréquente dans les mers des régions chaudes et malheureusement assez rare sur nos côtes où il ne se voit que lorsque le temps est particulièrement chaud et calme.

Le phénomène de la phosphorescence est dû à la présence d'une quantité infinie d'infusoires du genre appelé *noctiluque*. Ces petits animaux lumineux donnent aux vagues l'aspect d'un océan enflammé où, par une nuit sombre et orageuse, la moindre agitation produit des gerbes de flammes du plus grand effet.

Tous les phénomènes que nous venons de passer en revue se produisent sur les différents points des côtes de France et dépendent essentiellement de la constitution géologique du sol et de la configuration du littoral.

II. — Les cotes de France.

La France est surtout un pays maritime, si l'on envisage ses limites; en effet, sur une circonférence totale de 5,520 kilomètres, les frontières continentales comptent seulement 1,385 kilomètres, tandis que le développement des côtes forme un total de 3,120 kilomètres, se décomposant de la manière suivante :

Manche....................	1,120	kilomètres.
Atlantique.................	1,385	—
Méditerranée..............	615	—
Total............	3,120	kilomètres.

Grâce à ce développement considérable des limites maritimes, la France offre, au point de vue pittoresque, une grande variété de tableaux dont les sites toujours changeants dépendent surtout de l'orographie, c'est-à-dire du relief du sol et aussi de la constitution même des terres qui forment le rivage. Pour simplifier la description des plages, nous suivrons une fois pour toutes le littoral du nord au midi, de manière à esquisser rapidement la géologie et les particularités régionales de chaque mer.

Les côtes de la Flandre et de la Picardie sont surtout caractérisées par des grèves plates très sablonneuses, bordées de dunes dont l'importance augmente tous les jours, ce qui tend à diminuer l'étendue de la mer, en même temps que les ports se trouvent ensablés.

En raison même du peu de pente des plages, la marée *marne* considérablement et forme ainsi de vastes *estrans*, c'est-à-dire que la mer se retire très loin, en découvrant une quantité considérable de grève ; on nomme estran la partie du sol qui se trouve alternativement découverte ou recouverte par les eaux dans l'espace d'une marée.

A partir du cap Gris-Nez, la côte s'infléchit brusquement dans une direction presque verticale en suivant le méridien, et cela jusqu'à l'embouchure de la Somme; les falaises s'élèvent et atteignent des hauteurs de plus de 100 mètres ; ce sont des blocs de craie et d'argile qui annoncent le commencement du terrain crétacé de la Normandie. Toutes ces côtes sont des plus inhospitalières ; à part Boulogne, on n'y rencontre pas de ports.

De Saint-Valery-sur-Somme au Havre, les falaises forment une crête de bancs crayeux de 140 kilomètres de longueur dont les abords sont très dangereux pour les navires : La mer est sillonnée de courants rapides et capricieux dans leur direction qui poussent à la côte, où, en dehors des ports, il n'y a pas d'échouage possible.

Les falaises d'Étretat et du cap de la Hève, près du Havre, sont célèbres par leur aspect pittoresque : les flots qui viennent en battre le pied rencontrent des couches d'argile et de craie marneuse qu'ils désagrègent; si, comme à Étretat, la craie se trouve mélangée de piliers de calcaire, la falaise peut se soutenir et il se forme des grottes, mais dans d'autres points, et entre autres au cap de la Hève, la marne est entraînée avec les rognons de silex qui en divisent les lits, et les parties supérieures de la falaise surplombent jusqu'à ce qu'un éboulement se produise et change la disposition des côtes. Pendant un certain temps, les vagues épuisent leur action sur ces débris et finissent par les transformer en galets et en sable; à ce moment, la falaise se trouve de nouveau mise à vif et d'autres éboulements se produisent. C'est ainsi que peu à peu la côte normande recule devant les envahissements de la mer qui lentement, mais avec persistance, gagne du terrain ; on a calculé que les progrès de cette destruction marchent régulièrement à raison de 40 mètres par siècle.

Il est remarquable que certaines côtes augmentent d'étendue, tandis que d'autres diminuent ; les débris enlevés aux falaises de la côte normande, brisés et réduits en sable ou en galets, sont entraînés vers le nord ; les galets sont pour la majeure partie déposés sur les grèves du Tréport, et les sables vont former les dunes des côtes flamandes.

Le *thalweg* de la Seine sépare les côtes de la Normandie de celles du Calvados, lesquelles, jusqu'à Dives, sont caractérisées par des bancs d'argile d'une grande épaisseur; on donne le nom de *grèves* à ces falaises, formées par des écroulements dus à l'entraînement des masses argileuses inférieures situées au-dessous des parties crétacées. Ces falaises forment donc des plans inclinés à pente rapide ; elles sont recouvertes d'une végétation assez puissante, grâce à l'eau de pluie, toujours retenue dans ces terrains que l'argile rend imperméables, et la couleur verdoyante qui les pare leur donne un aspect des plus pittoresques.

A partir de Dives, les falaises s'abaissent, et la côte perd l'allure accidentée qui donne leur réputation aux plages de Beuzeval, Houlgate, Villers et Trouville ; les roches calcaires du terrain jurassique, qui constitue ces côtes, sont devenues sous-marines, elles forment les récifs bien connus sous le nom de *roches du Calvados*.

Ces rochers se poursuivent sur une longueur de près de 16 kilomètres sur 3 kilomètres de largeur, depuis Langrune jusqu'à Arromanches.

Peu à peu le sol se transforme, et lorsqu'on arrive à la presqu'île du Cotentin, les terrains schisteux commencent à remplacer le calcaire, ce qui donne aux côtes un aspect plus en relief ; cette transformation devient complète à Cherbourg, où l'on se trouve en plein terrain granitique.

La pointe nord du Cotentin, ou cap de la Hague, est la limite extrême d'une ligne qui, jusqu'à la baie de Cancale, descend directement du nord au sud, formant ainsi une côte de plus de 100 kilomètres de longueur qui barre la Manche et reçoit avec la plus grande violence le choc des marées, augmenté encore par l'action des vents d'ouest qui soufflent presque continuellement dans ces régions : nous empruntons à M. Amédée Burat la description des dangers des côtes ouest du Cotentin (*Voyage sur les côtes de France*) :

« Un grand spectacle se déploie en vue du cap de la Hague lorsque, s'élevant après une longue persistance des vents d'aval, les vents du nord-est poussent en masse vers cette pointe les nombreux navires qui les attendaient dans les ports de la Manche. Malheur à ceux qui, faute d'avoir su régler leur marche, se trouvent à l'heure du jusant à portée du *raz Blanchart* et sont entraînés dans ce courant irrésistible. Les marées s'y précipitent avec une violence dont l'immensité de l'Océan présente peu d'exemples. Ces courants, dont la vitesse atteint 20 kilomètres à l'heure, s'animent, se ralentissent, se renversent à des heures différentes, suivant l'âge de la lune. Les caprices des vents trompent à chaque instant les calculs; le vent qui souffle dans le sens des courants leur est contraire aussitôt qu'ils se retournent, et s'il fraîchit, la mer devient affreuse. Dès que le conflit atteint un certain degré de violence, des vagues monstrueuses s'entre-choquent dans un tumulte impossible à décrire, l'escarpement des vagues semble braver toutes les lois de l'hydrostatique. Dans cette confusion, les plus puissants navires cessent de gouverner, et combien dont la disparition ne s'est jamais expliquée se sont décousus et engloutis la nuit, au milieu de ce tourbillon. L'impulsion quand la mer monte, le tirage quand elle descend viennent ici du sud, en sorte que les phénomènes redoutables du *raz* se reproduisent tout le long de la côte. C'est ce qui a fait donner au passage qui commence au raz Blanchart et finit à la hauteur de Granville, entre le plateau des Minquiers et les îles Chaussey, le nom sinistre de *la Déroute.*

Tous les parages du Cotentin et de la Bretagne on subi depuis les temps préhistoriques des transformations considérables; le sol s'est trouvé envahi par les eaux sans que l'on puisse invoquer, pour expliquer le phénomène, les érosions violentes que nous décrivions tout à l'heure au sujet des falaises de la Normandie: on découvre en effet dans les estrans des grandes marées, lorsqu'une tempête a bouleversé le sol, des débris de constructions et des forêts entières dont la présence prouve que la submersion a dû être lente. D'ailleurs, la tradition locale rapporte qu'il y a quelques siècles, les îles normandes faisaient partie du territoire de Coutances et l'on retrouve encore sous les eaux les traces de la vie active qui a dû exister jadis dans ces pays aujourd'hui submergés. Les mêmes phénomènes se reproduisent dans la baie de Cancale, dans la baie de Morlaix, à Douarnenez et dans le Morbihan ; tous ces faits démontrent que les côtes ouest de la France ont dû subir autrefois des mouvements lents d'abaissement qui en ont diminué l'étendue.

Les côtes de Bretagne sont caractérisées par la nature granitique et madréporique de leur sol et par la hauteur de leurs falaises ; elles forment un paysage très différent de celui des plages normandes.

Tandis qu'en Normandie les côtes et les falaises sont découpées par de larges *thalwegs* (découpures qui forment des embouchures) donnant accès à de grandes rivières, ce qui forme des plages assez plates, à larges estrans, la Bretagne offre des côtes abruptes et rocheuses, à découpures étroites et encaissées, qui forment quelquefois de véritables *fiords* où aboutissent de minces torrents peu en rapport avec la profondeur des baies et estuaires qui amènent souvent la mer jusqu'à 10 et 20 kilomètres dans les terres (Rance, Gouet, Trieux).

La presqu'île armoricaine est un véritable morceau de granit qui s'écroule dans l'Océan d'une hauteur de près de 400 mètres. Les montagnes Noires, les monts d'Arée atteignent en effet ces hauteurs, et, du plateau central, le terrain s'incline lentement jusqu'à la mer, qu'il surplombe parfois de près de 200 mètres.

Rien n'égale la sauvagerie de certains points de la côte bretonne, particulièrement de la côte sud, beaucoup plus tourmentée que la côte nord.

Les Côtes-du-Nord et la partie nord du Finistère sont formées par une masse granitique porphyroïde des plus dures; aussi, malgré la puissance des flots qui viennent à chaque marée battre ces assises, la mer a peu de prise sur cette région qui se transforme peu.

La rive y est caractérisée par une quantité considérable de pointes qui limitent de petites anses. Trois grandes découpures seulement sont à signaler : la baie de Cancale, la baie de Saint-Brieuc et la baie de Morlaix, mais une foule de petits ports, assez bien abrités, se trouvent constitués par les thalwegs des petits cours d'eau qui parcourent la Bretagne. Les plus importants de ces ports sont Saint-Malo, le port du Légué (Saint-Brieuc) et Morlaix ; mais une foule d'autres servent à abriter des bateaux de pêche.

On peut dire que la Bretagne, terre inculte et aride, formée de landes souvent stériles, a concentré toute son activité sur les côtes; aussi peut-on parcourir les rives sur une étendue de 400 kilomètres sans perdre de vue un clocher. Il est rare que deux villages maritimes soient distants de plus de 2 à 3 kilomètres.

Cette découpure des côtes, poussée à l'infini, donne à toute la région un caractère des plus vivants et des plus pittoresques, malgré la sauvagerie des sites. Tous les villages sont placés sur des falaises abruptes et les abords sont parsemés d'une multitude d'écueils et de petites îles.

Aussi la Bretagne devrait-elle être le lieu de prédilection des baigneurs, elle serait dans tous les cas plus visitée des touristes si la distance qui la sépare de Paris n'était pas aussi considérable.

Les environs de Brest, c'est-à-dire la pointe du Finistère, sont formés de terrains schisteux et ardoisiers dont la mer a pu fouiller les murs friables. C'est grâce à ce phénomène que la rade de Brest et la baie de Douarnenez ont pu se trouver formées.

A partir de Douarnenez, la vie n'est plus aussi vivante sur les côtes; on peut parcourir de vastes terres sans rencontrer autre chose que de pauvres hameaux de pêcheurs, qui luttent péniblement pour gagner leur vie sur une mer toujours démontée.

C'est dans ces parages qu'on trouve la *Baie des Trépassés*, avec l'île de *Sein*, la baie d'*Audierne* et la pointe de *Pen'marck*, célèbres dans les fastes des sinistres maritimes. Ces régions inhospitalières ont longtemps été le séjour de prédilection des druides, et l'intérieur des terres, sur toute la côte sud de la Bretagne, est rempli de monuments préhistoriques, *dolmens, menhirs, alignements,* etc.

A partir de Concarneau jusqu'à Quiberon, l'aspect des côtes ressemble beaucoup à celui du nord de la Bretagne, mais c'est l'Océan et non plus la Manche qui les baigne; aussi la violence du flot est-elle plus terrible, ce qui amène des effets plus pittoresques.

Le *Morbihan,* véritable mer intérieure, est un point de la côte encore peu visité et qui cependant mériterait d'être mieux apprécié. On s'y trouve en pleine Bretagne *bretonnante,* où les souvenirs historiques de la guerre civile sont nombreux.

En approchant de l'embouchure de la Loire, le terrain continue à être granitique et schisteux; mais les côtes s'abaissent insensiblement et des dunes apparaissent sur la rade du Croisic; puis l'estuaire de la Loire se trouve bordé par des terrains quaternaires formés par les alluvions du fleuve. Le même caractère se retrouve sur la rive gauche jusqu'à ce que la ligne des falaises reprenne.

Mais le caractère breton disparaît dans les lignes, la côte est bien plus calme, moins découpée, et l'on retrouve les dunes et les vastes estrans de marée, communs sur les rives normandes.

A partir des Sables d'Olonne jusqu'à la Gironde,

les roches granitiques se font rares, la couche primitive est recouverte d'un massif de terrains crétacés, et la physionomie du paysage ressemblerait singulièrement aux paysages normands si la végétation était la même ; on retrouve les mêmes phénomènes d'érosion et de destruction des roches, avec des ensablements dans les assises.

De l'embouchure de la Gironde aux frontières d'Espagne, on se trouve en plein pays *landais*, dont le nom caractéristique indique de suite la situation du sol. La mer apporte toujours du sable qui s'amasse en des dunes énormes. C'est seulement depuis la moitié de ce siècle que la physionomie de cette région désolée a changé, grâce à la culture des pins qui a permis de fixer le sol, autrefois toujours mouvant.

La mer du golfe de Gascogne a une terrible réputation auprès des marins, cette réputation est d'ailleurs justement méritée. Aux abords des Pyrénées, la côte s'abaisse brusquement et les hauts-fonds sont très voisins de la rive, de sorte que la houle du large se fait fortement sentir et donne aux lames une violence remarquable. D'Arcachon à Bayonne, il n'y a pas un point où l'atterrissement ne soit pas dangereux et les approches de l'Adour elles-mêmes sont hérissées de roches qui mettent souvent les navires en grand danger.

Mais les causes qui font du golfe de Gascogne un danger pour les navires, contribuent à donner plus de splendeur au spectacle de l'Océan, et aucune plage ne peut rivaliser, comme beauté et intérêt, avec l'admirable site de Biarritz où les flots, toujours furieux à marée haute, viennent battre des roches énormes, véritable montagne écroulée dans la mer.

Il nous reste maintenant à dire quelques mots du littoral méditerranéen de la France. Ici, la physionomie des sites change complètement; la végétation, le soleil et la couleur des flots donnent au paysage un caractère absolument différent de celui qu'on est habitué à trouver aux côtes de la Manche et de l'Océan.

Les marées sont presque insensibles dans la Méditerranée; les différences de niveau ne seraient pas supérieures à 25 centimètres si l'action des vents ne venait s'ajouter à celle du flot; et encore cette augmentation détermine-t-elle au plus des écarts de 1 mètre : par conséquent, ces rives sont dépourvues du grand attrait qu'offre le phénomène des marées sur les plages de l'Océan. Mais il ne faut pas croire pour cela que la Méditerranée soit une mer calme; des tempêtes violentes s'y produisent et, sur certains points, les flots sont aussi agités que dans les plus mauvais parages des côtes de Bretagne ou du golfe de Gascogne.

Du cap Béarn au cap Couronne, qui limite à l'ouest la baie de Marseille, la Méditerranée est bordée de côtes sablonneuses et plates où la mer forme, dans l'intérieur des terres, des étangs salés communiquant avec elle par des canaux appelés *craus*; les plus grandes de ces lagunes sont celles de Leucate, de Sigeau près Narbonne, de Thau, qui se trouve séparée de la mer par une langue de sable où se trouve Cette, de Vaccarès et de Berre ; ces deux derniers étangs sont situés de chaque côté de la grande plaine de la Crau, formée par les alluvions du Rhône. Toutes ces lagunes sont enclavées dans des terrains d'alluvion apportés par les fleuves qui aboutissent au golfe du Lion ; ces plaines sablonneuses et stériles, chauffées par un soleil ardent, n'ont certainement rien de séduisant au point de vue balnéaire ; aussi les plages de plaisance se trouvent-elles toutes situées entre Marseille et Menton.

A partir de Marseille, en effet, la côte change d'aspect ; les montagnes de la Provence et du comté de Nice envoient leurs prolongements jusqu'au bord même de la mer, et dans certains endroits, d'énormes falaises, surplombées au lointain par les cimes de l'Estérel, dominent la mer de leurs masses calcaires ou porphyriques, aux couleurs chaudes et variées.

On observe dans ces régions un phénomène curieux : la Méditerranée n'ayant pas de marées, la physionomie des falaises n'a pas changé depuis des milliers d'années, l'action érosive des vagues ne les minant pas comme le pourraient faire les flots de l'Océan ; mais, à l'embouchure de tous les torrents qui descendent de la montagne, on rencontre des masses énormes de pierres amoncelées par les eaux de ces rivières essentiellement *travailleuses*. Ici, ce n'est donc pas la mer qui mange la terre, mais la terre qui envahit la mer.

On peut dire que toute cette partie des côtes méditerranéennes offre à l'œil les spectacles les plus merveilleux, et nous ne pouvons mieux faire que de terminer ce chapitre par une nouvelle citation empruntée à l'ouvrage de M. Burat (*loc. cit.*).

« Que dire de plus de cette côte ? Elle se termine sur ce point en conservant les conditions presque constantes d'une *corniche* étroite au pied de montagnes élevées qui bordent le littoral, conservant presque constamment le caractère d'une contrée de plaisance.

« Les promenades y sont splendides, celles surtout qui permettent de s'élever à des altitudes un peu notables sur les escarpements. On voit alors les dentelures des côtes, les caps et les fiords se projeter avec tous leurs caractères géographiques.

La mer, d'un bleu foncé, semble une carte d'ensemble que la distance présente à une échelle réduite, résumant des formes qui ne peuvent être bien appréciées de près. Les splendeurs de ces contrées littorales sont ainsi exprimées par des points de vue étendus, et l'on comprend la préférence qui leur est accordée.

« Dans beaucoup d'autres pays, on pourra trouver des hivers encore plus adoucis, mais on ne trouvera nulle part des impressions plus séduisantes que celles de ces paysages maritimes. »

III. — Marées et courants.

Toute personne qui a passé seulement quelques heures sur les bords de l'Océan a été témoin du mouvement de va-et-vient effectué deux fois dans la journée par les eaux de la mer ; elle a pu voir le flot fuir à une distance quelquefois considérable, pour revenir ensuite à son point de départ au bout de cinq à six heures ; ce phénomène bien connu est celui qu'on désigne sous le nom de *marée.*

Mais, si personne n'ignore le phénomène, bien peu connaissent les causes exactes qui le dirigent dans ses manifestations variées.

Les marées sont dues à l'attraction exercée à la surface de la terre par l'action combinée de la lune et du soleil.

Supposons, pour simplifier, que la lune agisse seule et transportons-nous par la pensée au milieu de l'océan Atlantique.

Toute masse exerce sur les corps qui l'entourent une attraction, directement proportionnelle à ses dimensions et inversement proportionnelle au carré de la distance qui la sépare de ces corps ; un pendule placé au voisinage d'une montagne dévie de la verticale, il est attiré par la masse voisine ; mais lui-même exerce une attraction sur la montagne, seulement cette attraction n'est pas visible en raison de l'énorme différence des objets mis en présence.

Si nous supposons la lune placée au-dessus de l'Océan, la masse de notre satellite, quoique faisant partie de notre système et subissant l'attraction de la terre, exercera elle-même une influence qui se traduira par une action directe sur la masse mobile des flots, placés immédiatement au-dessous d'elle : dans ces conditions, il y aura un soulèvement des ondes à l'endroit où s'exercera le maximum d'attraction. Naturellement, si le flot se soulève au-dessus du niveau réel de la mer, il faudra que cette augmentation soit compensée par une dépression là où la lune a une action moindre. Par conséquent, au moment où la surface de l'Océan sera boursouflée au large, il se produira une dépression sur les côtes.

Mais la lune ne reste pas immobile et marche rapidement suivant sa trajectoire autour de la terre. Il arrivera donc un moment où l'attraction qui existait tout à l'heure deviendra nulle ; à cet instant, le flot qui était soulevé retombera à son niveau normal, et une onde se produira à la surface de la mer, établissant un véritable courant qui s'avancera rapidement vers les points déclives de la dépression signalée tout à l'heure : c'est là *l'onde-marée* qui produit le *flux* ou marée montante. Le *flot* gagnera jusqu'au moment où la mer aura atteint son niveau normal.

Pendant que ce phénomène s'effectue, la lune, qui tourne toujours autour de la terre, occupe, au bout de douze heures environ, le point antipode de celui qu'elle occupait auparavant et exerce en ce point la même action que celle que nous venons de décrire; cette action se traduit sur le point antipode directement opposé par une *composante* de direction telle que, par un phénomène mécanique qu'il serait trop long d'expliquer, il se produit une nouvelle marée montante en ce point, ce qui détermine sur les côtes le *reflux* ou *jusant*. De cette manière, le phénomène de la marée se trouve avoir lieu au même point deux fois par jour.

Le phénomène n'est pas aussi simple que nous venons de l'indiquer, car, à l'attraction lunaire, s'ajoute l'action du soleil qui, lui aussi, exerce, d'après le principe de la gravitation, une attraction notable à la surface de la terre. Le soleil, étant immensément plus grand que la lune, devrait avoir une action supérieure; mais il ne faut pas oublier que, se trouvant placé incommensurablement plus loin que cet astre, c'est encore la lune dont l'attraction est la plus forte, c'est-à-dire à peu près le double.

La lune varie deux fois dans l'espace d'un mois, dans les différentes positions où elle peut se trouver par rapport au soleil; il en résulte qu'elle est un jour en *opposition* et huit jours après en *conjonction* avec cet astre; leurs actions réciproques se retranchent donc dans le premier cas et s'ajoutent dans le second. Il y aura, par conséquent, deux *grandes marées* chaque mois, lorsque le soleil et la lune seront en conjonction : on dit alors que la mer est en *vive eau ;* au contraire, il y aura une marée plus faible quand les deux astres seront en opposition : c'est la marée de *morte eau.* Les grandes marées ont lieu chaque mois à la pleine et à la nouvelle lune.

Les actions diverses et trop compliquées pour que nous puissions en donner le détail, qui agissent pour donner aux marées leur plus grande puissance, se trouvent au maximum deux fois par an au moment des *équinoxes*, c'est-à-dire vers le 21 mars et le 21 septembre ; les grandes marées de *vive eau* qui se trouvent vers ces époques sont donc les plus fortes de l'année, et, pour peu que l'action du vent s'ajoute à celle de la marée, il se produit souvent d'abominables tempêtes.

Les dénivellations produites sur les côtes par les marées sont très irrégulières et dépendent d'une foule de conditions particulières dont l'étude est des plus importantes pour la navigation du cabotage. Si l'action de la lune et du soleil était la seule en cause, le changement de niveau serait seulement de 75 centimètres en *vive eau* et de 25 centimètres en *morte eau ;* mais il est loin d'en être ainsi sur les côtes : *l'onde-marée*, en effet, arrive avec une vitesse considérable, et, rencontrant un obstacle, se dresse contre lui, ce qui peut quelquefois, comme à Granville, amener des différences de hauteur de 10 à 15 mètres. C'est ce qui explique les grands *estrans* qui se produisent sur certaines côtes, et particulièrement sur les côtes de la Manche ; lorsque la côte est abrupte, l'estran est faible, la mer découvre à peine quelques centaines de mètres ; au contraire, lorsque la grève est plate, le *jusant* entraîne les flots à plusieurs kilomètres, et dans la baie de Cancale les grandes marées découvrent une immense plaine de 25 kilomètres de longueur.

La rapidité avec laquelle le flot monte est inversement proportionnelle à la longueur des *estrans :* la mer monte lentement sur les côtes à pente raide; elle remonte, au contraire, avec la plus grande rapidité sur les grèves planes ; c'est ainsi que dans la baie de Cancale la vague marche aussi vite qu'un cheval au galop.

Chaque marée retarde sur la précédente de cinquante minutes environ, de telle sorte que, si la marée est haute aujourd'hui à midi, la prochaine pleine mer aura lieu demain vers minuit 50 minutes et la deuxième le même jour à 1 heure 40 de l'après-midi, et ainsi de suite.

La marée ne se fait pas sentir à la même heure sur tous les points des côtes; l'*onde*, en effet, a son point de départ au large, elle arrivera donc successivement aux divers ports en se faisant d'abord sentir sur les plus rapprochés. Si nous prenons la Manche comme exemple, le flot qui arrive à Roscoff passe successivement à Morlaix, Saint-Brieuc, Saint-Malo, contourne le Cotentin et se précipite ensuite vers le Havre. De Cherbourg au Havre, l'onde-marée met environ une heure et demie à parcourir la distance.

Il existe donc, au moment où le flot arrive et au moment où le jusant se fait sentir, des changements de niveau sur les différents points d'une même côte. Ces différences produisent des *courants* qui, quelquefois, sont très violents. Ils prennent le nom de *raz* lorsque l'eau refoulée dans des passages étroits produit des vagues qui passent les unes par-dessus les autres, formant ainsi des sortes de *mascarets* ou *barres*, analogues à ceux qui se produisent aux estuaires des grandes rivières. Ces *raz* sont fort dangereux ; les plus connus pour les désastres qu'ils ont causés sont ceux de *la Déroute*, près de Cherbourg; de l'*île de Sein*, près de la baie des Trépassés.

L'action du vent a une influence considérable sur les flots de la mer; cette action est des plus à craindre lorsqu'elle vient s'ajouter à l'impulsion de la marée ; dans ces conditions, surtout en *vive eau*, les flots viennent se précipiter avec furie sur les obstacles qu'ils rencontrent et la puissance des vagues n'a plus de bornes. On voit alors les lames courir les unes sur les autres et la crête se renverser comme une cascade (*lames versantes*) ; les remous qui se forment alors à la surface des flots sont des plus violents, et la vague de retour qui fuit le rivage agit comme un aspirateur sur tous les objets qu'elle rencontre : on dit qu'elle *tire de fond*; les galets, les poutres, les débris de toute sorte qui se trouvent sur la grève sont remués avec force et produisent un bruit infernal; mais ils ne sont jamais entraînés, repoussés qu'ils sont par les vagues qui se précipitent continuellement sur les bords.

Une tempête est certainement un des plus beaux spectacles qu'il soit donné à l'homme de contempler. C'est surtout en hiver qu'elles sont violentes, lorsque l'action du vent s'ajoute à l'impulsion des grandes marées d'équinoxe.

Les grandes marées de mars et de septembre, étant les plus fortes, sont celles dont le niveau s'élève le plus haut; par contre, la basse mer découvre une longueur de terre plus considérable que les estrans des marées ordinaires. Les jours qui suivent, les marées diminuent d'amplitude et on constate que le flot n'atteint pas le *cordon littoral* de *galets*, de sable ou de débris de toute nature abandonné par la plus haute mer. Pendant l'hiver, à cause des vents qui soufflent volontiers en tempête, même les marées de *morte eau* sont assez élevées; mais en été le phénomène se régularise et l'on voit les marées suivre avec exactitude les phases de la lune. Quand notre satellite est en conjonction avec le soleil, la mer, deux jours après la nouvelle lune, atteint son plus haut niveau du mois ; puis, de marée en marée, le flot s'avance de moins en moins loin, tandis que la mer basse découvre une moins grande bande de terre ; la décroissance dure sept jours, au bout desquels le plus bas niveau de *morte eau* est atteint. A ce moment, pendant sept autres jours, la marée augmente et au moment de la pleine lune atteint de nouveau une hauteur assez élevée mais souvent moindre que celle de la marée de nouvelle lune. Le phénomène se répète encore pendant la quinzaine suivante jusqu'au moment de la grande marée de nouvelle lune.

Ce phénomène explique comment certains îlots se trouvent mis en communication avec la terre ferme à des intervalles réguliers, tandis que, pendant le reste du temps, ils sont toujours séparés de la terre par un canal plus ou moins large.

Il ne faut jamais oublier, lorsqu'on s'aventure sur les estrans pour aller à la recherche de poissons et de coquillages, dans les trous des rochers, que la mer *revient d'autant plus rapidement qu'elle se retire plus loin*. L'oubli de cette notion a souvent occasionné d'affreux malheurs ; on se croit en sûreté et à sec sur des roches parfois très éloignées du flot, lorsque tout à coup la mer s'avance avec la rapidité d'un cheval au galop.

Comme on le voit par les détails qui précèdent, les approches des côtes sont très difficiles, puisque la mer ne prend sa profondeur que par une pente insensible : aussi, la plupart des grèves ne sont-elles praticables que pour les barques de pêche de petite dimension. Les pêcheurs attendent la marée haute et viennent échouer leurs bateaux sur le sable, où le jusant les laisse au sec dans l'intervalle de deux marées. Les bateaux de plus grand tonnage, et à plus forte raison les grands bâtiments, ne peuvent aborder que dans les points où des circonstances particulières, naturelles ou artificielles, permettent l'accès du rivage avec des fonds d'une certaine hauteur.

Les grandes rades naturelles, comme celle de Brest, se trouvent merveilleusement disposées pour qu'à l'aide de quelques travaux d'art on puisse les transformer en vastes bassins où la marée la plus basse laisse encore des profondeurs de 8 à 10 mètres, plus que suffisantes pour les plus grands vaisseaux de guerre.

Le plus souvent, les marins ont profité des embouchures des fleuves et des rivières pour établir les *ports* nécessaires au mouvement des bâtiments. Dans les fleuves à grand débit comme la Seine, la Loire et la Gironde, il a été possible d'établir de vastes refuges pourvus d'abris absolument sûrs ;

mais l'embouchure des petites rivières fournit seulement des ports *d'échouage* où les bateaux sont laissés à sec par la marée basse et ne flottent qu'au moment de la pleine mer. Ces ports sont dits *ports d'asséchement*; ils ne peuvent convenir qu'aux petits bâtiments.

Pour avertir les vaisseaux qui se trouvent au large et les guider vers les différents ports, ou même pour les éloigner des points dangereux, il a été établi tout un système de signaux très compliqués, depuis le *phare* et le *sémaphore* jusqu'aux simples *balises* qui signalent les récifs et les *bouées* qui limitent les *passes*.

Les phares sont de diverses classes; les plus importants sont édifiés sur des tours de 60 à 80 mètres de hauteur, construites le plus souvent sur des falaises très élevées, de manière à augmenter la portée; ils sont éclairés par la lumière électrique ou par de puissants appareils à pétrole. Beaucoup d'autres phares sont de moindre importance, lorsque leurs feux sont seulement destinés à guider les bâtiments vers de petits ports peu fréquentés.

De distance en distance sont placés des *sémaphores*, établissements où des employés du ministère de la marine, avertis par le télégraphe des moindres variations prévues dans la situation du temps, communiquent cet avis aux bâtiments, à l'aide d'appareils télégraphiques à mouvement, du genre des premiers télégraphes inventés par Chappe. La nuit, les bras du sémaphore sont pourvus de signaux lumineux. En cas de tempête, les signaux se font à l'aide de fusées ou par la voix du canon d'alarme. Dans beaucoup de régions particulièrement dangereuses, il existe des canons *porte-amarres* destinés à lancer au loin des cordes aux navires en perdition.

Le génie maritime a profité des moindres détails facilement visibles sur les falaises pour s'en servir comme points de repère; ce sont des rochers, des maisonnettes, dont la surface est peinte d'une couche blanche qui permet de les distinguer de très loin, même au milieu de la nuit : on donne le nom d'*amers* à ces repères primitifs qui rendent de grands services à la navigation.

L'entrée des ports est soigneusement *balisée;* sous le nom de *balises*, on désigne les différents signaux, bouées flottantes, bornes peintes, etc., qui indiquent les écueils à éviter et tracent ainsi la route aux bateaux.

IV. — Bains de mer.

« La médication marine, qui appartient en réalité aux eaux chlorurées, comporte trois termes très distincts dans ses applications :

« L'inhalation de l'air marin ;
« Le bain de mer chaud ou médicamenteux ;
« Le bain de mer froid ou hydrothérapique.

« Le séjour à la mer comporte l'inhalation spontanée d'une atmosphère chargée de molécules salines. Ce n'est pas le résultat d'une évaporation qui ne fournirait que des vapeurs dépouillées de qualités minérales. C'est un entraînement déterminé par la double agitation de la mer et de l'air ; laquelle, même à une grande distance, charge l'atmosphère de particules minérales, reconnaissables à la saveur qu'elles communiquent à la salive. Il y a donc là une inhalation continue d'un air médicamenteux.

« Le bain de mer chaud n'est autre chose qu'un bain chloruré sodique, tout semblable à ceux que l'on prend près des stations thermales chlorurées, sauf le degré et les particularités de la minéralisation.

« Il n'en est pas de même du bain de mer froid. Celui-ci n'est autre chose qu'une pratique hydrothérapique. Il est vrai que la densité du liquide, le mouvement particulier de la mer et le contact d'une eau fortement chargée de principes actifs, impriment à l'hydrothérapie marine un caractère spécial ; mais l'action essentielle de ce bain de mer réside dans le froid et la réaction.

« Mais ce qu'il importe surtout de savoir, c'est

qu'il est des bains de mer chez lesquels domine l'action médicamenteuse du bain de mer chaud, et où tend à disparaître l'action thérapeutique du bain de mer froid. Ce sont les bains pris sur les plages calmes et tempérées, où la mer est immobile et tiède.

« Le bain pris à mer pleine et sur nos côtes du Nord, ou pris sur nos côtes du Midi, en saison appropriée, et surtout dans les bassins, les criques orientés d'une manière particulière sur nos côtes de l'Ouest, à Arcachon, à Royan, au Croisic, aux Sables-d'Olonne, représente donc deux médications très différentes, dont l'une comporte le bain froid, court, à réaction vive, et l'autre le bain tiède, prolongé, à propriétés altérantes.

« Ces diversités de propriétés et d'application du bain de mer, que je crois avoir le premier nettement déterminées, et qui ne sont pas encore assez connues, offrent dans la pratique une importance facile à concevoir. »

Ces lignes empruntées au magistral *Traité des Eaux minérales* du Dr Durand-Fardel, résument admirablement la thérapeutique des bains de mer. Les eaux de la mer, comme le dit très sensément notre éminent confrère, ne doivent pas être considérées autrement que comme des *chlorurées sodiques* fortes, si l'on ne tient compte que de la minéralisation. Mais il faut retenir qu'à la balnéation s'ajoute l'action énergique du climat particulier des plages.

L'air vif et salé des bords de la mer, le séjour permanent au grand air et souvent au grand soleil, sont autant d'agents hygiéniques qui permettent de donner plus de valeur aux bains de mer qu'aux stations chlorurées sodiques de l'intérieur, toutes les fois que le tempérament de l'individu n'est pas une contre-indication. Le hâle, qui agit si rapidement sur la peau des citadins en villégiature au bord de la mer, est un des signes les plus évidents de l'énergie avec laquelle s'opèrent les fonctions de l'hématose ; sous l'action combinée de la brise et du soleil, le globule sanguin se charge fortement des matières ferrugineuses qui lui donnent sa valeur physiologique. Aussi peut-on considérer un séjour de un à deux mois sur les plages comme le meilleur moyen de régénérer les tempéraments anémiés des habitants des villes, toutes les fois où ceux-ci voudront bien mener la vie largement en plein air, sans s'astreindre à continuer sur les côtes l'existence mondaine, cause première de leur affaiblissement.

Pour ce qui est des effets particuliers des bains et de l'usage interne de l'eau de mer, nous ne pouvons que répéter ce qu'a dit M. Macquarie dans son guide aux villes d'eaux au sujet des eaux chlorurées sodiques. (Voir *Villes d'eaux de la France*.)

Les chlorurées sodiques produisent une excitation considérable des phénomènes physiologiqnes, et le premier effet du traitement chez le baigneur se manifeste par une augmentation de l'appétit, par un accroissement des sécrétions, une augmentation de l'énergie musculaire; souvent le sommeil est agité. Chez les sujets excitables, on peut voir arriver de l'embarras gastrique en même temps que se réveiller les douleurs et les manifestations cutanées, chez les rhumatisants et les herpétiques.

Les eaux chlorurées ont une action remarquable sur la circulation abdominale : ce sont des eaux hémorragiques et hémorroïdaires, mais ce ne sont pas toujours, comme on le croit vulgairement, des eaux purgatives ou plutôt laxatives. Car si elles ont quelquefois une action laxative, il n'est pas rare qu'elles constipent.

C'est surtout sur le système lymphatique que leur action est remarquable, lorsqu'elles sont employées à l'intérieur et à l'extérieur; il semble qu'elles s'adressent spécialement au système glandulaire. Suivant l'expression ingénieuse du professeur Gubler, les eaux chlorurées sodiques faibles et d'usage interne facile représentent une véritable *lymphe minérale* et introduisent dans l'organisme les éléments nécessaires à l'entretien des tissus, et c'est probablement à ce titre qu'elles rendent tant de services aux scrofuleux et aux lymphatiques, sujets chez lesquels la nutrition est toujours très affaiblie. En même temps, l'action stimulante des eaux fortes et des eaux mères employées en bains a un effet des plus efficaces contre les manifestations extérieures de ces maladies, abcès froids, engorgements ganglionnaires, arthrite, etc.

Les indications des bains de mer s'adressent surtout à la scrofule, au lymphatisme et à l'anémie; mais l'usage des bains n'est favorable qu'à la condition de suivre des règles desquelles il n'est pas prudent de s'écarter. Ces règles ont été formulées de la manière la plus sage par un médecin à qui sa longue pratique dans une plage importante de la Manche a donné une grande expérience de la question; nous voulons parler du Dr Parrel, de Dieppe. Voici ces règles telles qu'il les a établies dans son *Guide médical sur les côtes de la Manche*.

1° *Précautions avant et pendant le bain.*

L'usage et les convenances forçant à se revêtir d'un costume de bain, il faut le choisir de tissu léger et non susceptible de se coller, afin que l'eau soit en contact constant et direct avec la peau, qu'elle pourra raffermir et tonifier. La tête doit, de préférence, rester découverte.

On ne doit que rarement se baigner dès son arrivée ou même dès le lendemain de son arrivée au bord de la mer. Ce précepte doit surtout être observé pour les enfants débiles. Il est convenable, en effet, de laisser l'organisme se préparer aux conditions d'un milieu nouveau.

Pour ce qui est de l'heure à choisir, c'est autant que possible l'intervalle qui sépare les deux déjeuners, c'est-à-dire entre 9 heures et midi. En cas d'obstacle à cette heure, on peut se baigner entre 3 et 5 heures de relevée. La règle habituelle est qu'on ne doit entrer dans la mer qu'une heure ou deux après un léger déjeuner et trois ou quatre heures après un fort repas.

On évitera de se baigner le soir, après le coucher du soleil, et plus encore de grand matin, surtout au sortir du lit. L'humidité de l'atmosphère aux temps extrêmes de la journée, se joignant à la température basse de l'air et de l'eau, ne peut guère favoriser la réaction dans le premier cas. Dans le second, les papilles de la peau ayant été épanouies en quelque sorte par la chaleur du lit, cet organe sera trop sensible au froid (Oré).

Quelques parents mettent une insistance regrettable à faire baigner de tout jeunes enfants qu'on ne peut plonger dans l'eau sans leur inspirer l'appréhension la plus vive. Il est extrêmement rare que le bain de mer froid remplisse chez ces enfants une indication nettement formulée. Les bains d'eau de mer tiède doivent suffire à produire l'effet recherché. Et si l'on considère qu'à l'occasion de la frayeur et de la violence qui leur est faite, ces jeunes sujets sont exposés à contracter des affections aussi graves que l'épilepsie et les convulsions, sans compter les accès de fièvre ou la diarrhée, on réservera ce moyen pour les enfants de dix ans environ. Quelques enfants robustes pourront peut-être devancer cet âge, de même que, pour d'autres plus malingres, il sera prudent d'attendre jusqu'à l'âge de 12 à 15 ans. En cas de répugnance manifeste à n'importe quel âge, il faut se garder d'insister en raison des accidents possibles dont nous venons de parler.

Quant à la manière d'entrer dans l'eau, il est bon de savoir d'abord que la sensation première, toujours un peu vive sinon désagréable, peut être sensiblement modifiée par certaines pratiques. Les personnes qui se jettent à l'eau ayant déjà froid sont plus désagréablement impressionnées. Il est, au contraire, favorable de s'animer par la marche ou quelque autre exercice de façon à avoir chaud pour entrer au bain. La réaction, par ce moyen, se produit vite et facilement.

L'habitude que prennent quelques personnes de se mouiller avec les mains quelques parties du corps et surtout le creux de l'estomac, et le devant de la poitrine, ne fait que retarder l'entrée au bain et ne peut qu'augmenter la vivacité de l'impression première. Il vaut beaucoup mieux entrer rapidement et plonger ou s'accroupir de façon à ce que toutes les parties du corps soient recouvertes dès le premier moment. C'est le point le plus essentiel et que chacun doit mettre en pratique. Le nageur entre rapidement et plonge aussitôt ; il n'en peut être de même pour les enfants, les femmes, les personnes faibles et impressionnables. Ceux-là doivent être accompagnés d'un guide et choisir entre les deux procédés suivants : ou bien, aussitôt les pieds à l'eau, le guide leur verse plusieurs seaux d'eau sur la tête, puis les fait avancer pour achever l'immersion : c'est l'affusion ; ou bien le guide prend le baigneur sur ses bras, s'avance jusqu'à la ceinture et le dépose horizontalement entre deux eaux ; c'est le plongeon. Ce dernier moyen répugne à certaines personnes et produit peut-être quelquefois des migraines. Pouget conseille au baigneur d'entrer bravement, presque en courant dans la mer et, arrivé à une distance telle que l'eau s'élève à moitié cuisses, de se jeter à genoux en courbant légèrement la tête en avant. Le baigneur restera dans cette position pendant le temps nécessaire pour être entièrement submergé par trois ou quatre lames à peu près. Entre chacune d'elles, il aura le temps suffisant pour reprendre sa respiration. Ainsi accoutumé à la différence de température du milieu dans lequel il s'est plongé, il pourra continuer à prendre son bain de telle manière qu'il le jugera convenable.

Une fois entré, il ne faut pas rester immobile, la moitié du corps dans l'eau et l'autre exposée à l'air; il faut s'aider des mains du guide, de celles de ses voisins ou bien encore des cordes tendues à cet effet sur quelques plages pour s'enfoncer et se relever alternativement, cela dit évidemment pour les personnes qui ne savent pas nager.

La question de la durée du bain est une de celles qu'on doit le moins négliger.

Sur nos côtes normandes, où le bain est froid, sa durée doit être courte. Les premiers bains des enfants ne doivent consister que dans une simple immersion d'une minute environ au début, de deux ou trois minutes pendant les cinq jours qui suivent, puis de cinq minutes en moyenne plus tard. Pour les grandes personnes, les premiers bains doivent également être très courts, moins de cinq minutes.

On arrive ensuite à les prolonger une dizaine de minutes. Les personnes robustes peuvent supporter avec un peu d'habitude, une durée de quinze à vingt minutes sans inconvénient. Il est d'ailleurs une règle absolue qu'on ne doit jamais transgresser sous peine d'accident, c'est de ne pas rester à l'eau jusqu'à l'apparition du frisson secondaire dont nous avons parlé plus haut et qui indique un second mouvement de concentration sanguine dans les organes internes. Ce frisson doit être considéré comme le critérium de la trop longue durée du bain.

Aux gens bien portants qui se baignent par plaisir et qui ont acquis une longue expérience du bain, nos conseils sont moins utiles. Il en est un qu'ils feront bien cependant de suivre, c'est de ne pas trop s'éloigner du rivage sans être accompagnés d'un canot; il n'est pas de si intrépide nageur qui ne soit exposé à être pris de crampes pouvant paralyser ses mouvements pendant une campagne trop prolongée.

Nous recommandons enfin d'éviter de sortir et de rentrer dans l'eau à diverses reprises pendant le temps du bain; en y retournant plusieurs fois, on finit par s'affaiblir et, de plus, on contrarie la réaction.

2° *Précautions après le bain*.

Dans la plupart des stations, le baigneur, une fois sorti de l'eau, doit, pour regagner sa cabine, faire un trajet parfois assez long, surtout à marée basse, lorsque la mer s'est retirée au loin sur le sable. Les personnes délicates doivent, dans ce cas, se couvrir, en sortant du bain, d'un peignoir en flanelle ou en quelque tissu du même genre pour se préserver du contact de l'air. La réaction doit s'établir à tout prix et, pour la favoriser, il faut rentrer dans la tente, s'essuyer avec du linge un peu rude, et se livrer ensuite à la marche ou à tout autre exercice capable de rétablir peu à peu l'équilibre dans la circulation. L'emploi de linges chauffés d'avance est non seulement inutile, mais nuisible, car s'ils déterminent brusquement la réaction, ils ont, d'un autre côté, l'inconvénient de la faire commencer par l'enveloppe cutanée. Or, pour être favorable et salutaire, elle doit se produire graduellement du centre à la périphérie. Il ne faut donc rien employer qui tende à faire commencer la réaction par où elle doit physiologiquement finir. La peau doit être l'organe qui se réchauffe le dernier et seulement aux dépens de la circulation générale.

Les personnes chez lesquelles, malgré les précautions voulues, la réaction s'établit avec lenteur et difficulté, sont autorisées à prendre un léger cordial pour la favoriser. Le vin de Bordeaux, le madère, le xérès, le porto, le malaga vieux rempliront facilement ce but. On peut y joindre l'usage d'une boisson aromatique chaude préparée à l'avance.

Le bain de pieds chaud, dont l'usage devient de plus en plus général, remplit également les mêmes indications. Il est inoffensif et tout à fait efficace. Nous en recommandons très formellement l'emploi. Il a un avantage d'un autre ordre : c'est de faire disparaître le sable qui se glisse pendant le bain entre les orteils, et que le linge n'enlève pas complètement.

En dehors ou à côté du bain de mer se place un autre puissant moyen de traitement : la douche d'eau de mer. Quelques personnes combinent les deux moyens. La douche a surtout sa raison d'être quand il existe une indication d'agir localement sur un organe déterminé.

3° *Hydrothérapie marine.*

D'autre part, pour ceux qui n'arrivent pas à supporter le bain, soit à cause de l'impression morale qu'ils éprouvent, soit par défaut de tolérance physisiologique, la douche permet de s'habituer d'une façon graduelle, progressive, à l'action de l'eau de mer.

Dans certains moments, l'inclémence du temps peut être un obstacle au bain pendant plusieurs jours, et alors la piscine ou la douche de l'hydrothérapie peut le remplacer et permettre de ne pas interrompre le traitement.

La vertu de la douche marine est d'ailleurs supérieure à celle de la douche d'eau douce. Avec l'eau de mer, le saisissement et le mouvement de concentration sont moins vifs et moins pénibles ; en revanche, l'excitation de la peau est plus forte, la rougeur plus marquée, et le retour de la chaleur plus prompt et plus facile.

En somme, la douche est excellente comme auxiliaire du bain de mer dans les cas où il est insuffisant ou impossible.

4° *Bains de mer chauds.*

Les bains de mer chauds peuvent, en certaines circonstances, remplacer les bains froids. Ils possèdent le même effet stimulant, bien que leur mode d'action soit différent. Avec eux, il n'y a plus de période de spasme ; la stimulation générale, la dilatation, l'expansion de la peau et des autres tissus, se montrent sur-le-champ et se maintiennent consécutivement.

Ils remplissent une indication précieuse pour les enfants et les personnes impressionnables : c'est qu'ils peuvent les préparer au bain à la lame. Deux ou trois bains de mer tièdes et à température décroissante suffisent comme moyen d'initiation.

Il est à peine utile de rappeler que les principes salins de l'eau de mer sont fixes et qu'on peut la chauffer sans en altérer l'action.

Ils ne doivent pas être pris à une température trop élevée. Les bains préparatoires au bain à la lame doivent être de 20 à 25° et durer de quinze à dix minutes. Les autres peuvent atteindre 33 à 35° et ne pas dépasser une durée de vingt-cinq minutes pour les derniers, de trois quarts d'heure pour ceux de 33°.

Par leur usage, des enfants amaigris, faibles, scrofuleux, excitables, tourmentés par le dégoût, le dévoiement, de mauvaises digestions, ont recouvré assez rapidement l'appétit, les forces, l'embonpoint, l'activité, etc.

On les prescrit avec avantage contre divers œdèmes, le gonflement des parties molles ou des articulations, la claudication, l'affaiblissement général qui succèdent aux fractures, aux luxations, aux entorses.

Les personnes âgées en retirent encore d'heureux résultats dans l'atonie des voies digestives, de la peau, des muqueuses, de l'organisme entier ébranlé par des secousses morales ou par une opération chirurgicale, affaibli par l'inaction, une vie sédentaire, le séjour prolongé au lit, une maladie longue, une convalescence pénible.

Diverses affections cutanées, spécialement les démangeaisons prurigineuses, sont heureusement modifiées par les bains de mer chauds dont l'efficacité se rapproche beaucoup de celle des eaux thermales salines et même sulfureuses.

Les bains de mer sont loin d'être toujours inoffensifs, et les travaux du Dr Calvet, médecin à Villers, ont établi que s'ils représentent souvent, comme nous venons de le voir, un admirable modificateur pour les tempéraments lymphatiques et les sujets affaiblis, ils sont, précisément en raison de leur action excitante et réconfortante, contre-indiqués dans beaucoup d'états. Voici ces contre-indications :

1° *Conditions climatériques, air de la mer.* — La vie au bord de la mer, à cause de la stimulation qui s'y manifeste toujours, produit des effets fâcheux et parfois dangereux, sur les enfants nerveux, sur les épileptiques et sur les jeunes filles ou jeunes femmes atteintes de névroses, dans toutes leurs formes si variées et particulièrement dans les névroses à forme syncopale (Calvet). La *chorée* ou *danse de Saint-Guy*, les affections de la moelle épinière et du cerveau, subissent également une exacerbation par le séjour au bord de la mer.

La vie des plages convient aux vieillards, lorsqu'ils ont des tendances à la congestion cérébrale, aux gens atteints de maladies de cœur, de même pour les rhumatisants. Souvent les maladies cutanées sont influencées d'une manière fâcheuse par l'air salin.

Les maladies des voies respiratoires, phtisie, bronchite, asthme, etc., sont des contre-indications formelles au séjour sur les côtes, dont le climat, toujours humide et excitant, ne convient pas aux malades atteints de ces affections.

2° *Bains de mer*. — Comme tous les bains froids, mais d'une manière plus marquée, les bains de mer tendent toujours à congestionner les organes viscéraux. Il y a donc, en dehors des conditions climatériques que nous venons d'établir, une contre-indication sérieuse des bains dans toutes les affections utérines, intestinales, pulmonaires et cérébrales. Souvent on envoie, et avec raison, passer une saison aux *bains de mer*, les femmes affaiblies et en même temps affectées de métrites ou congestions utérines; ces sujets se trouvent très bien du *séjour* maritime, mais il faut faire une grande distinction entre le *séjour* des plages et l'usage des bains de mer, qui peuvent être des plus défavorables.

On remplace souvent le bain de mer froid par le bain de mer chaud, croyant obtenir un effet *fortifiant*, reconstituant, et suprimer l'action trop intense et nocive du bain froid. C'est là une grave erreur. Le bain de mer chaud, excellent chez les sujets lymphatiques, pour lesquels on redoute l'excitation du bain froid, est absolument aussi congestif que ce dernier et est, comme celui-ci, contre-indiqué dans les affections des organes génito-urinaires (CALVET).

Enfin, avant de terminer cette introduction, il nous paraît utile de donner quelques conseils sur les précautions générales à prendre pendant le séjour sur les plages.

Le plus souvent, c'est en juillet et août que l'affluence est la plus grande sur les côtes : le baigneur fuit la chaleur de l'été qui rend insupportable la vie des grandes cités, et se réfugie au bord de la mer, dans l'espoir d'y trouver la fraîcheur. On part donc légèrement vêtu, et les malles sont garnies de vêtements frais.

Or, la brise du soir est *toujours froide*, même en plein été; aussi doit-on se méfier des refroidissements. Il est donc bon de se prémunir contre ces accidents, et pour cela, le plus simple est d'emporter des *vêtements d'hiver* en même temps que des vêtements légers. On se trouvera bien de suivre ce conseil, car, s'il fait souvent chaud dans la journée, le frais se fait souvent sentir aussitôt que le soleil est couché, et le baigneur trop peu vêtu est contraint de se réfugier à l'intérieur. Au contraire, c'est avec plaisir qu'il bravera le vent le plus fort et le plus froid, s'il est chaudement couvert.

Les vêtements de laine, les *jerseys* et costumes *matelots*, sont ceux qui conviennent le mieux aux enfants et même aux grandes personnes qui passent leur vie sur la plage au milieu des flaques d'eau : les vêtements de toile mouillent et refroidissent beaucoup la peau ; la laine, au contraire, tout en étant humide, conserve la chaleur du corps.

LA MANCHE

Généralités.

La Manche est une mer de formation relativement récente, sinon sur toute son étendue, au moins sur son littoral normand.

Aux premiers âges de la terre, l'Océan venait sans doute battre le continent sur une côte qui s'étendait depuis la Bretagne jusqu'au pays de Galles, et l'Angleterre ne devait faire qu'un avec la France. Le littoral, ainsi figuré, se trouvait formé, aux deux extrémités, de roches granitiques extrêmement solides qui n'ont que peu changé, quant à leur conformation, en raison même de la dureté et de la résistance offertes par les matériaux qui en font la base; mais la partie centrale se trouvait constituée d'une masse sédimentaire et par des assises jurassiques, bancs de marnes, de craies et d'argiles, entremêlés de lits de silex. Or, ces roches, comme on peut s'en rendre compte à première vue par le travail d'érosion continue qui se produit encore sur les falaises normandes, sont essentiellement friables.

Ces terrains ont donc cédé peu à peu devant le flot impétueux des marées, et la Manche, d'abord golfe assez profond, a augmenté ainsi de profondeur. Les courants de marée, toujours très violents dans les golfes, ont augmenté de force, proportionnellement à l'intensité de la destruction qu'ils provoquaient, et la Manche s'est creusée, ne laissant subsister que la presqu'île du Cotentin, dont les assises granitiques ont empêché l'envahissement des flots; ce profond golfe n'était plus séparé de la mer du Nord que par une chaussée de plus en plus étroite qui reliait la France à l'Angleterre.

Or, cette barrière était bien faible devant la poussée des courants de marée qui, deux fois par jour, s'engouffraient dans le golfe; aussi a-t-il suffi d'un abaissement de terrain et de la production d'une faille étroite, pour qu'un canal fût creusé, en s'agrandissant tous les jours, jusqu'à ce que le Pas-de-Calais se trouvât définitivement constitué tel qu'il existe aujourd'hui.

Du côté de la mer du Nord, l'envahissement des flots n'était pas moindre et se trouvait, d'ailleurs, facilité par la faible élévation des côtes sur ce qui est aujourd'hui les Flandres. Là, de vastes étendues de terrain étaient, à chaque marée, recouvertes par la mer, tandis qu'à marée basse, des sables mobiles étaient laissés au sec, traversés par les innombrables bouches des fleuves qui n'ont été fixées à leur embouchure qu'au bout de longs siècles, et seulement par la main de l'homme. Les sables asséchés étaient entraînés par les vents, d'où la formation de dunes mobiles, aussitôt déplacées par les vents d'ouest et du nord-ouest, qui dominent presque toute l'année dans ces parages.

Les différents phénomènes que nous venons d'esquisser ont donné aux rives du nord de la France des physionomies particulières qui varient singulièrement l'aspect et la climatologie des différentes régions. Ils n'ont, d'ailleurs, pas cessé d'exister, et, pour être amoindris, l'érosion des falaises crétacées de la Normandie et l'ensablement des plages du Nord ne continuent pas moins leur œuvre de destruction.

La Manche commence à l'île de Batz et finit au cap Gris-Nez; elle communique avec la mer du Nord par un canal relativement étroit, le Pas-de-Calais, qui s'étend entre les caps Gris-Nez et Blanc-Nez, entre lesquels se trouvent, sur les deux côtes anglaise et française, les vestiges de la chaussée qui a uni les deux rives et dans la masse de laquelle sera peut-être un jour creusé le tunnel projeté pour réunir l'Angleterre au continent. Au delà du Pas-de-Calais, et sur une ligne de 50 kilomètres seulement, le littoral français est situé sur la mer du Nord. Les plages de cette région doivent donc être groupées avec celles de la Manche.

Elles peuvent d'autant mieux l'être que la région des dunes, un moment arrêtée par le soulèvement jurassique des masses qui forment les caps, reprend bientôt et s'étend depuis le Boulonais et la Picardie jusqu'aux limites de la Normandie, c'est-à-dire jusqu'à l'embouchure de la Somme.

Le groupement des plages est assez difficile à faire, si l'on s'attache seulement à la géographie des provinces où elles se trouvent. Aussi pour donner à ce livre une classification méthodique, les avons-nous surtout groupées par régions géologiques. Ce procédé est, d'ailleurs, justifié par le développement même des stations qui se sont groupées naturellement dans chaque bassin.

Nous prendrons donc successivement depuis le nord jusqu'au sud-ouest, c'est-à-dire depuis la Flandre jusqu'à la Bretagne, les principales villes qui forment comme le centre des agglomérations balnéaires.

Au point de vue géologique, on peut diviser les plages de la Manche en quatre régions principales se subdivisant elles-mêmes en groupes plus ou moins nombreux.

1ʳᵉ RÉGION : *Dunes et côtes plates*. — Dunkerque, Calais, Boulogne, Saint-Valery-sur-Somme et les villages environnants.

2ᵉ RÉGION : *Falaises crétacées, grèves à galets*. — Tréport, Dieppe, Étretat, le Havre et leurs environs.

3ᵉ RÉGION : *Falaises crétacées argileuses, côtes rocheuses, grèves longues*. — Trouville, Cabourg, Luc, Arromanches.

4ᵉ RÉGION : *Falaises de transition, grèves longues*. — Cotentin, de la baie de Weyss au mont Saint-Michel.

5ᵉ RÉGION : *Falaises granitiques, grèves en anses*. — Bretagne, du mont Saint-Michel à Roscoff.

La région granitique se subdivise sur les côtes de la Manche en trois groupes bien distincts, au point de vue balnéaire :

a. — Baie de Saint-Malo.
b. — Baie de Saint-Brieuc (côte est, côte ouest).
c. — Baie de Morlaix.

Tel est le groupement qui nous servira de cadre

dans la description des côtes de la Bretagne, de la Normandie et du nord de la France. Au lieu de consacrer un article spécial à chaque station, nous prendrons pour point central la ville qui se trouve forcément le centre ou convergent tous les intérêts du groupe, de façon à ne point avoir à répéter les renseignements généraux que nous pourrons avoir à donner.

Notre guide a surtout pour but de permettre au baigneur de choisir une plage et de faire, aux environs, des promenades pittoresques et hygiéniques. Pour cela, nous nous sommes surtout attachés à rendre aussi exactement que possible la physionomie de la côte, en laissant au second plan la description des villes, que la petitesse de notre cadre ne nous permettait pas de traiter trop longuement.

La première et la troisième région, c'est-à-dire les côtes sablonneuses du Nord et la côte plate du Calvados, prêtent peu aux descriptions, en raison de la platitude de leurs lignes ; mais il n'en est pas de même du littoral de la haute Normandie et des belles côtes bretonnes, auxquelles les hautes falaises crétacées ou granitiques donnent un aspect des plus imposants.

Il faut bien reconnaître que la proximité de Paris donne seule aux plages normandes leur grande réputation, car, à part les plages situées entre Dieppe et Villers, aucune de ces petites villes n'offre vraiment de paysage bien imposant. La seule région maritime qui offre au touriste des spectacles réellement grandioses et toujours changeants est la Bretagne, encore trop peu connue, mais certainement digne de rivaliser avec la Suisse au point de vue du pittoresque et de la grandeur des paysages. Aucun point des bords de la Manche n'offre d'aussi admirables tableaux que le cap Frebel, la presqu'île de Paimpol, la pointe Saint-Mathieu, la presqu'île Crozon, etc.; mais, malheureusement, ce pays ravissant est situé bien loin, et, jusqu'ici, la compagnie de l'Ouest n'a pu encore organiser dans cette direction de véritables trains de grande ligne, ce qui rend les communications longues et pénibles.

Cependant, si l'on calcule que le mouvement qui transporte chaque année Paris sur les côtes normandes ne tend qu'à augmenter, on reconnaîtra bientôt que le Parisien tranquille, qui ne cherche au bord de la mer qu'un asile calme et reposant, a tout avantage à aller en Bretagne, où il est sûr de trouver des plages admirables et peu habitées, et où, par conséquent, le bon marché de l'existence compense largement l'augmentation des frais de voyage.

La compagnie des chemins de fer de l'Ouest a,

d'ailleurs, déjà beaucoup fait pour faciliter les voyages en Bretagne, tant par billets circulaires que par billets à prix réduits dits de bains de mer individuels, valables pendant un mois avec prolongation de un mois chacun ; elle a ainsi dépassé les lignes de l'Est et de Paris-Lyon-Méditerranée, qui jusqu'ici donnent, pour la saison, des billets à prix réduits valables pendant deux mois. Mais, elle augmenterait certainement encore le nombre des voyageurs si, pendant la saison, elle installait, ne fût-ce qu'une ou deux fois par semaine, des trains de grande ligne permettant de se rendre directement de Paris à Rennes, sans avoir à subir les interminables arrêts qui ont lieu en Beauce et dans la Sarthe ; on pourrait, de cette façon, aller à Lamballe ou à Brest en sept ou dix heures, au lieu de neuf et treize heures qui sont aujourd'hui nécessaires.

Il est certain que l'admirable organisation des trains qui desservent Trouville, le Havre et Dieppe, sont pour beaucoup dans le succès des plages de ces régions ; aussi sommes-nous convaincus que la compagnie de l'Ouest aurait un grand avantage à faire un effort en Bretagne ; ses sacrifices seraient certainement récompensés au bout de quelques années par une impulsion sérieuse donnée au commerce de ces contrées, aujourd'hui encore improductives ou peu s'en faut, au point de vue du trafic des marchandises.

Loin de nous la pensée de vouloir déprécier la valeur pittoresque des plages normandes ; mais elles sont surtout belles par les admirables et plantureux paysages des campagnes environnantes ; à ce point de vue, elles sont incomparables. D'ailleurs leur fortune est faite et ne saurait que prospérer, n'y eût-il pour l'expliquer que la proximité de Paris. En vantant la Bretagne et en conseillant de s'y fixer aux personnes qui peuvent abandonner Paris pour un ou deux mois sans retour, nous voulons surtout appeler l'attention sur un pays qui peut rivaliser avec les régions montagneuses de la Suisse et de la Savoie, par ses paysages dantesques et sauvages et avec les sanatorias étrangères par l'égalité et la douceur de son climat en été et en hiver.

RENSEIGNEMENTS PRATIQUES

Une des conditions d'un voyage est l'établissement du budget, aussi avons-nous attaché une grande importance à donner aussi exactement que possible les prix de séjour dans les différentes régions, tant pour la vie à l'hôtel que pour la vie en villas. Nous donnons donc les limites maxima des locations de maisons et appartements et des prix de journée d'hôtel, lesquels sont variables pour chaque région et aussi suivant le moment de la saison. On sait en effet que les mois de juillet et août sont toujours plus chers que les mois de juin et septembre. Or, comme nous ne pouvons donner que les prix moyens de chaque pays, on devra toujours compter dépenser un peu plus si l'on ne passe en villégiature que les deux mois les plus encombrés.

Généralement, on donne dans les guides les prix des trajets en chemin de fer calculés depuis Paris. Ce procédé simple pour le voyageur qui habite la capitale, n'est pas suffisant pour le baigneur de province ; aussi est-il plus facile et surtout plus rapide de calculer, à quelques centimes près, le prix du parcours en sachant que les prix sont de :

0 fr. 1119 par kilomètre en 1re classe.
0 fr. 0956   —   2e classe.
0 fr. 0429   —   3e classe.

Dans ces conditions, le prix total du parcours de Brest à Paris en 1re classe et pour une distance de 610 kilomètres sera de 610×0.1119 soit 68 fr. 30. Il suffit donc de calculer, à partir du point de départ, la distance en kilomètres et à multiplier par le coefficient kilométrique de la classe choisie pour faire le voyage.

Prix moyens de séjour.

Dans les villes du Nord, depuis Saint-Valery-sur-Somme jusqu'à Dunkerque, la journée d'hôtel, suivant les conditions particulières intervenues et l'importance de l'établissement, varient entre 6 et 15 francs. Le prix de 8 francs est le prix moyen dans les petites villes.

Il est bon de savoir qu'autour des centres importants et dans toutes les régions il s'est créé à côté des stations principales, de petites agglomérations où l'on trouve à bien meilleur compte le logement et la table.

Le prix des locations est moins élevé dans le Nord que sur les côtes normandes, on trouve facilement des appartements modestes pour 300 francs, et de belles villas pour 1,000 ou 1,200 francs pour la saison.

Les vivres sont généralement moins chers qu'à Paris.

En Normandie, depuis le Bourg-d'Ault jusqu'à Arromanches, la vie est relativement plus coûteuse que dans le Nord, il faut d'abord mettre hors pair Dieppe, Étretat, le Havre et Trouville qui sont des villes de luxe où l'existence est très chère, où la vie d'hôtel revient à 10 ou 20 francs par jour et où les locations modestes atteignent des prix fort élevés (800 à 2,500 francs, ce qui coûte, dans le Nord, 300 à 1,200), et où la table revient, même en villas, à 40 0/0 plus cher qu'à Paris. Dans les autres villes, c'est-à-dire, pour prendre des exemples, à Fécamp, à Villerville, à Cabourg, à Luc, les locations, toujours sur le même type, valent de 800 à 2,000 francs, la journée d'hôtel revient de 6 à 12 francs, et les vivres valent le même prix ou un peu plus cher qu'à Paris.

D'Arromanches à Granville, en faisant le tour de la presqu'île du Cotentin, les plages sont très délaissées et ne sont guère fréquentées que par les habitants des villes voisines, ce qui s'explique facilement par la difficulté des communications et l'extrême longueur du trajet ; aussi la vie est-elle d'un bon marché considérable, mais les installations et les hôtels sont peu confortables et le paysage est médiocre.

Les environs de Granville sont assez jolis, et on peut facilement s'y installer, les hôtels sont médiocres, mais économiques (6 à 8 francs par jour), les villas se louent de 800 à 1,500 francs et les appartements de 300 à 600 francs. Les vivres sont environ 20 0/0 meilleur marché qu'à Paris.

En Bretagne, la région de Dinard et de Saint-Malo-Paramé est relativement luxueuse ; mais si des villas très bien installées se louent de 1,500 à 3,000 francs on trouve facilement des installations confortables pour 300 à 1,000 francs. Les hôtels de première classe sont chers (10 à 12 francs par jour), mais on trouve des pensions à 6 francs. Ces prix se tiennent sur la côte jusqu'à Saint-Briac, où les prix sont moins élevés. Les vivres sont de 20 0/0 moins chers qu'à Paris.

Dans le reste de la Bretagne, c'est-à-dire du Val-André à Roscoff, la vie est extraordinairement économique à l'hôtel ou en maison particulière : on trouve des pensions de 5 à 6 francs, des villas très confortables pour 600 à 1,000 francs et des installations plus modestes pour 200 à 400 francs. Les domestiques-femmes très suffisamment dressées se payent 15 à 25 francs par mois, les vivres valent de 30 à 40 0/0 moins cher qu'à Paris. Comme le pays (et particulièrement la côte) est très peuplé, on trouve facilement à s'installer partout, même dans des villages inconnus comme stations.

PREMIÈRE RÉGION

COTES DE FLANDRE ET DE PICARDIE

La côte de France offre un aspect assez monotone sur les plages du Nord ; le paysage varie un peu, selon qu'il existe ou non des falaises, mais les grèves sont partout, de Dunkerque au Crotoy, c'est-à-dire jusqu'à l'embouchure de la Somme, caractérisées par la largeur des estrans et l'envahissement continu du sable qui, soulevé par le vent, est entraîné vers le rivage, où il obstrue l'entrée des rivières et forme des dunes. Depuis la frontière belge jusqu'à Sangatte, la grève est absolument plate ; elle se relève un peu, puis apparaissent les falaises à pic du rivage du Pas-de-Calais ; à partir du cap Gris-Nez, le sable a envahi le pied des falaises, et, quoique celles-ci soient toujours très élevées, elles reculent vers l'intérieur des terres, où elles forment des collines, et les plages redeviennent plates et sablonneuses. Cette physionomie se conserve jusqu'au Crotoy.

Cette première région peut être divisée en deux parties : Flandre, et Boulonnais-Picardie. La première division, la Flandre, est située sur le rivage de la mer du Nord ; sur le Pas-de-Calais se rencontrent les vestiges d'anciens ports, aujourd'hui comblés, et la vie ne reprend que sur la côte boulonnaise, à partir du cap Gris-Nez.

Plages de la Flandre.

Les rivages de la mer du Nord, de Dunkerque à Calais, représentent une terre artificielle conquise sur la mer par la main de l'homme.

La rivière l'Aa divaguait autrefois à partir de Saint-Omer, et le vaste triangle ainsi formé depuis cette ville jusqu'à Dunkerque et Calais, qui forment les deux autres sommets, est le produit des alluvions de la rivière. Lors de la formation de ce delta, long de 50 kilomètres, la mer recula peu à peu devant les apports du fleuve, et bientôt, sur le terrain qui s'élève ainsi lentement, la mer apporta le sable enlevé par le vent sur les grèves immenses asséchées par chaque marée, et des dunes, première barrière apportée au flot, se trouvèrent formées.

C'est en cet état que se trouvait la Flandre française aux premiers siècles de notre ère : d'un côté la mer, de l'autre des marais ou *moëres*, séparés de l'Océan par de longues dunes, ouvertes d'espace en espace, pour laisser s'écouler les diverses branches de l'Aa, portes ouvertes au flot qui, au moment des grandes marées, venait envahir l'arrière des dunes et ravager le sol mouvant des marais et des fragiles chaussées qui les divisaient en lacs ou *moëres*, car c'est le nom qui leur est encore conservé.

Les comtes de Flandre ont beaucoup contribué à la conquête industrielle de cette vaste région, en commençant les travaux d'endiguement qui frayèrent un lit régulier aux bouches du fleuve. On put alors assécher peu à peu les *moëres*, et, lentement, ces terres désolées furent remplacées par d'admirables cultures qui trouvèrent un terrain tout préparé dans les dépôts de l'Aa.

Aujourd'hui, les canaux multiples qui circulent dans la Flandre et en relient toutes les principales villes, traversent des prairies merveilleuses qui contrastent singulièrement avec l'aspect morne des dunes qui les protègent contre les flots de la mer.

La région des dunes est d'une largeur de 1 à

2 kilomètres ; rien ne saurait rendre la sauvagerie monotone et triste de ces rivages silencieux, troublés seulement par le bruit régulier des vagues, qu'aucun obstacle n'arrête. Ces dunes figurent une région montagneuse en miniature, constituée par des monticules de 10 à 20 mètres de hauteur, de telle sorte qu'à moins de monter sur un des dômes les plus élevés, il est impossible d'embrasser une grande étendue de terrain. Il résulte de ce fait qu'à moins de bien connaître le pays, il est impossible de s'aventurer dans ce labyrinthe.

Rien ne pousse sur les dunes ; à peine y voit-on de place en place, et sur les flancs les plus à l'abri du vent de mer, une herbe courte et rare. L'économiste Baude a proposé de fixer les dunes par des plantations d'*oyats*, petite graminée à racines traçantes très fournies, qui parviennent à consolider le sol, à le faire et à le préparer ainsi à recevoir d'autres végétaux. Il est certain que si l'on pouvait arriver à planter ces vastes terrains, on enlèverait à la région son aspect triste et désolé, en même temps qu'on supprimerait un des dangers qui menacent le pays.

Car la dune marche et a tendance à ensevelir les terrains exploités. Il faut se rendre compte, en effet, que la marée laisse d'énormes estrans deux fois par jour ; or, les vents d'ouest ou nord-ouest, qui soufflent presque continuellement sur les rivages de la Flandre, apportent de nouvelles quantités de sables et constituent de nouvelles dunes, en contribuant à exhausser les anciennes. D'autre part, l'action du vent entraîne les dunes, les détruit et les remplace, ce qui change plusieurs fois par an l'aspect des rivages, fait grave et qui, d'après A. Burat, a souvent amené des naufrages en trompant les navigateurs qui se fient à la configuration des lieux.

En résumé, il y a peu de chose à dire des côtes de la Flandre, dont les plages sont tristes et monotones d'aspect ; la villégiature n'est possible que dans les villes ou dans les villas qui les entourent ; mais les campagnes qui se trouvent derrière les dunes sont riantes et très vivantes ; il ne faudrait donc pas croire que ces régions soient déshéritées au point de vue du pittoresque ; la plage de Rosendaël jouit, au contraire, d'une réputation justifiée.

Sur toutes les plages de cette région, comme, d'ailleurs, sur toutes les plages depuis Dunkerque jusqu'au Havre, la mer est souvent agitée par les vents du large, et les lames déferlent violemment sur la rive ; les vents, en été, et surtout en septembre, sont très violents, et le bain y est vraiment hydrothérapique et excitant ; aussi toutes les stations de cette côte sont-elles favorables aux enfants lymphatiques, et même aux malades scrofuleux ; mais elles ne conviennent pas du tout aux sujets nerveux et facilement excitables, non plus qu'aux personnes atteintes d'affections du cœur ou des voies pulmonaires.

C'est surtout aux plages du Nord qu'il faut tenir compte des recommandations générales qui ont été formulées dans l'introduction ; le bain doit être court, de deux à cinq minutes pour les jeunes enfants, et de dix minutes seulement pour les adultes. Des bains plus longs pourraient, dans certaines conditions défavorables, provoquer des accidents. Il faut se souvenir, en effet, que la lame de mer, surtout quand le flot est agité, est un véritable moyen hydrothérapique, dont l'action sur l'économie peut être très vive.

Beaucoup de personnes à intestin délicat ne peuvent supporter les plages du Nord, en raison des changements rapides et vifs de températures, qui amènent chez elles des entérites souvent douloureuses. C'est là un accident assez fréquent des premiers jours de séjour, et il n'est pas rare de voir des personnes vigoureuses atteintes de diarrhées et même de vomissements dans la nuit qui suit leur arrivée, surtout lorsque cette arrivée coïncide avec un vent violent ou seulement frais.

Aussi ne saurait-on trop recommander aux voyageurs qui vont passer l'été sur les côtes de Flandre d'emporter des vêtements chauds et de s'en vêtir dès qu'arrive le soir ; c'est là une précaution dont on se trouvera toujours bien.

Un autre inconvénient des plages du Nord, comme aussi de toutes les plages très sablonneuses, est la projection du sable à travers le visage, qui se produit toutes les fois que le vent est violent, et particulièrement à marée basse ; il est donc utile de noter ce fait pour ne pas choisir cette région quand on doit y conduire des enfants dont les yeux sont malades ou seulement sensibles.

DUNKERQUE

Dunkerque, *Duinkerken* en flamand, c'est-à-dire église des Dunes, ville et port de France, chef-lieu d'arrondissement (Nord), à 67 kilomètres N.-O. de Lille, à 88 kilomètres par chemin de fer et 281 N.-N.-E. de Paris, sur la mer du Nord ; 35,071 habitants.

Topographie.

La situation de Dunkerque, dont le niveau se trouve souvent plus bas que celui des marées, a donné au pays une configuration toute particulière. Jusqu'au VIIe siècle, la partie occupée aujourd'hui par la ville était encore à demi noyée sous les eaux d'un golfe ; puis sur la côte, élargie par les alluvions qui s'y déposaient, commencèrent des travaux d'endiguement, dirigés d'abord par les échevins,

PARCOURS. — De Paris, gare du Nord, 305 kilomètres. — Durée du trajet : 5 h. 13 m. — Direction, Arras, Béthune, Hazebrouck. — Prix : 1re cl., 34 fr. 15 ; 2e cl., 23 fr. 05 ; 3e cl., 15 fr. 05.

VILLAS ET APPARTEMENTS. — On trouve des appartements et des maisons meublées, soit en ville,

confiés de nos jours à des commissions syndicales de grands propriétaires, les *Watteringues*, comme on les appelle du mot *watergand*, qui désigne les fossés d'assainissement creusés à travers champs. Ces fossés se déversent dans des canaux, aboutissant à la mer par des écluses qu'on ouvre à marée basse. Grâce à cette organisation spéciale, le nombre d'hectares cultivable s'élève à 40,000.

Historique.

C'est vers 960 que Beaudoin III, comte de Flandre, fortifia le petit hameau de Saint-Gilles, berceau de la ville de Dunkerque. Philippe le Bel la prit aux comtes de Flandre et la conserva jusqu'en 1305. De 1588 à 1658, elle fut prise et reprise successivement par les Français et les Espagnols ; la victoire des Dunes (1658), remportée par Turenne, devait nous en assurer la possession ; mais Louis XIV céda la la ville aux Anglais qui nous avaient aidés à la reconquérir. En 1662, Charles II la revendit au roi pour 5 millions, Vauban la fortifia, et elle prit une part active aux guerres contre l'Angleterre et la Hollande ; c'est l'époque des corsaires dunkerquois,

soit sur la plage de Rosendaël, prix très variables entre 300 et 3,000 fr. HÔTELS. — Du *Chapeau-Rouge* ; *Grand-Hôtel* ; de *Flandre* ; de *Paris* ; du *XIXᵉ Siècle* ; du *Commerce* ; de la *Paix*. — A Rosendaël : Hôtels du *Casino* ; de *Rosendaël* et du *Kursal*. — Nombreux restaurants.

Jean Bart et Forbin, dont les exploits sont légendaires (1688-1697).

Les traités d'Utrecht (1713), d'Aix-la-Chapelle (1748) et de Paris (1763) imposèrent à la France la destruction du port de Dunkerque. Sauvée des Anglais par la victoire de Hondschoote (1793), cette place maritime commença, sous la Restauration, des travaux de reconstruction activement poursuivis depuis. Le décret du 14 juillet 1861 provoqua l'élargissement et l'approfondissement du chenal, l'établissement d'un troisième bassin, et d'autres améliorations qui font aujourd'hui de Dunkerque un de nos meilleurs ports.

Dunkerque est la patrie du jurisconsulte Guillaume Martins, de Denis Montfort, du peintre Descamps, des généraux Thévenet et de Guilleminot, et de la glorieuse dynastie des Bart, Jean, François et Philippe, dont le dernier fut gouverneur de Saint-Domingue.

Aspect et monuments.

Dunkerque se compose de trois parties, trois îles, séparées entre elles par les canaux de Furnes, de Moëres, de Bergues, de Bourbourg et de Mardych.

VOITURES PUBLIQUES. — Un tramway dessert la plage et Rosendaël, 15 à 30 c. suivant parcours. — Voitures pour : *Bergues*, 0 fr. 60 c., deux fois par jour (9 kilom.); *Gravelines*, 1 fr. 60 c., une fois par jour (20 kilom.); *Hondschoote*, 1 fr. 25 c., tous les samedis (20 kil.); *Rousbrugghe*, 1 fr. 25 c.,

Au nord se trouve la *ville* proprement dite, coupée de rues régulières et assez larges, qui renferme la chapelle Notre-Dame des Dunes ; l'église Saint-Éloi, lieu de sépulture de Jean Bart et de sa famille ; le Beffroi, ancienne tour de l'église Saint-Éloi, contenant les 29 cloches du fameux *carillon* ; le musée et la bibliothèque, réunis dans un même édifice de construction moderne. Au sud s'étend la *Basse-Ville*, centre d'établissements industriels ; au sud-ouest, enfin, sont les quartiers pauvres et populeux dits *de la Citadelle*, parce qu'ils occupent la place de l'ancienne forteresse.

Port et plage.

L'entrée du port de Dunkerque est assez difficile, car le chenal qui y donne accès débouche sur une grève plate et au milieu d'une mer peu profonde ; aussi un grand nombre de phares et de balises ont-ils été établis pour diriger les navires. Ceux-ci pénétrent d'abord dans une *fosse* qui constitue la *rade* de Dunkerque ; de là ils entrent dans un chenal formé par deux jetées en charpentes de 800 mètres de longueur, puis dans l'*avant-port,* canal d'environ 600 mètres qui précède immédiate-

tous les samedis (20 kil.). — Voitures particulières chez divers loueurs, s'adresser aux hôtels.

BATEAUX. — Le port de Dunkerque a des services réguliers pour le Havre, Brest, Nantes, Bordeaux, Lisbonne, Londres, Copenhague, Saint-Pétersbourg, etc.

ment le *port d'échouage*; c'est seulement à marée haute que s'ouvrent les bassins à flot, au nombre de trois. La longueur totale à parcourir est de 2 kilomètres environ, la profondeur en vive eau, c'est-à-dire au moment du maximum de tenue, n'est que de $6^m,50$, ce qui ne permet pas à Dunkerque de recevoir les navires de très grand tonnage. La superficie totale du port est de 18 hectares, et les quais offrent au service des navires un développement de près de trois kilomètres.

Comme tous ceux des rives du nord de la Manche et de la mer du Nord, le port de Dunkerque a tendance à s'ensabler, et ce n'est qu'au prix de grands efforts qu'on parvient à maintenir la profondeur du chenal : à ce point de vue, les travaux exécutés dans ces dernières années peuvent être considérés comme un modèle dans l'art de l'architecture maritime. Un grand nombre de bassins à écluses ont été creusés à l'ouest du chenal et sur toute la longueur de l'avant-port : au moment de la pleine mer, ces bassins se remplissent, et l'eau qu'ils renferment est conservée grâce à la fermeture automatique des portes. Lorsque la mer est basse et le chenal presque à sec, on ouvre toutes les écluses à la fois, et la masse d'eau, qui n'est pas moindre de deux millions de mètres cubes, se précipite en un torrent impétueux qui balaie le chenal, le creuse et entraîne à la mer le sable qui a été apporté par le flot.

La plage de Dunkerque est située à l'est du port, dans les dunes que traverse la route de Rosendaël. On y trouve un grand établissement de bains et un casino assez bien décoré. C'est surtout autour du

Port de Dunkerque.

casino que sont groupées les villas dont l'ensemble constitue véritablement, plutôt que la ville elle-même, la station balnéaire de Dunkerque.

Le service des bains se fait à l'aide de cabines roulantes qui conduisent le baigneur jusqu'à la mer. Le vent du large est âpre et rend souvent la lame dure, ce qui fait que le baigneur doit être très prudent.

Cette plage est triste, le pays environnant est plat et non boisé; les dunes sur lesquelles sont groupées les maisons occupent un assez vaste espace, et de plus, on se trouve encore trop près des nombreuses usines dont les cheminées accidentent seules le paysage.

Dunkerque est en effet une ville essentiellement commerçante et industrielle; on y trouve des filatures, des scieries, des raffineries de pétrole; le port arme pour la pêche à la morue et fait un commerce extrêmement actif avec l'Angleterre; le mouvement était en 1875 de 1,300,000 tonnes, tant en exportation qu'en importation.

Promenades et excursions.

Les environs de la ville de Dunkerque sont surtout intéressants par les canaux nombreux qui les sillonnent; le paysage est verdoyant et la culture très active; mais on ne doit rien attendre de pittoresque dans une région artificielle où tout, même le sol, est l'œuvre de l'homme : les jardins nombreux qui entourent la ville sont admirablement entretenus; les habitants y mettent un grand amour-propre, mais les promenades sont monotones, et les seules distractions du baigneur se trouvent dans les excursions en mer ou dans les visites aux villes voisines : Gravelines, Calais, Rosendaël, que nous décrivons plus loin, et à l'intérieur du pays : Hondschoote, Bourbourg, Bergues.

Parmi celles-ci, Bergues est la plus intéressante ; on y remarque l'un des plus beaux monuments du département du Nord : le *Beffroi*, tour gothique datant du xvie siècle, qui renferme une énorme cloche du poids de 6,500 kilogrammes et un carillon célèbre.

A Hondschoote, on peut voir une belle tour du xve siècle, surmontée d'un clocher élevé ; la hauteur du monument atteint 80 mètres.

ROSENDAEL est une petite plage située à 1 kilomètre au nord de la grève de Dunkerque ; c'est un village balnéaire très gai et d'aspect plus riant que celui de la ville ; aussi le nombre des baigneurs y est-il plus considérable. On y trouve un établissement de bains, un casino et des villas entourées de beaux jardins.

Depuis quelques années, cette petite station se développe assez rapidement ; jusqu'à ces dernières années, son succès était surtout dû à la population du département du Nord, mais depuis peu la plage de Rosendaël voit un certain nombre de baigneurs Parisiens, attirés par la vie gaie et mouvementée qu'y mènent les riches habitants des villes manufacturières des environs. On sait que c'est dans le Nord que se trouvent les plus belles fortunes de France.

CALAIS

Calais, chef-lieu de canton (Pas-de-Calais), arrondissement de Boulogne, à 31 kilomètres N.-E. de cette ville; 270 N. de Paris et 377 par chemin de fer, situé sur le Pas-de-Calais; 12,573 habitants.

Historique.

On ignore la date de la fondation de Calais, dont l'origine se perd dans la nuit des temps; elle faisait partie du fief des contes de Boulogne, dont l'un lui octroya, à la fin du XIIe siècle, une charte communale. Fortifiée par le comte Philippe Huressel, elle avait acquis, au XIVe siècle, assez d'importance pour entrer dans l'association de la Hanse teutonique. En 1346, après la bataille de Crécy, Édouard III vint mettre le siège devant Calais et s'en empara au bout de onze mois; on connaît l'acte de dévouement

PARCOURS. — De Paris, gare du Nord : 295 kilomètres. — Trajet par Creil, Amiens, Abbeville, et Boulogne. — Prix : 1re cl., 33 fr. 05; 2e cl., 22 fr. 30; 3e cl., 14 fr. 55.
MOYENS DE TRANSPORTS. — Omnibus à la gare; tramways desservant Saint-

par lequel Eustache de Saint-Pierre et ses compagnons sauvèrent la ville d'une destruction totale. Pendant plus de deux siècles, les Anglais restèrent maîtres de la place, et ce fut seulement en 1558 que François de Guise la reconquit, après un blocus de huit jours. Les Espagnols s'en emparèrent pendant les guerres de la Ligue (1595), mais le traité de Vervins (1598) nous rendit définitivement cette importante place forte. C'est à Calais que débarqua Louis XVIII, lorsqu'il rentra en France pour la première fois le 24 avril 1814.

Parmi les hommes célèbres qui naquirent à Calais, citons seulement Eustache de Saint-Pierre et le romancier Pigault-Lebrun.

Aspect et monuments.

Calais, en sa double qualité de ville fortifiée et de cité à demi anglaise, présente un aspect sévère : des murailles, des bastions, deux forts la défendent ; l'un au sud-ouest, le *fort Nieulay*, l'autre au nord ; le *fort Risbanc*. Quant aux monuments enfermés dans l'enceinte, ce sont l'*église Notre-Dame*, rebâtie par les Anglais à la fin du XIVe siècle, et si haute qu'on l'aperçoit de Douvres ; l'hôtel de ville, dont

Pierre et Guines, départ tous les quarts d'heure à la grand'place. — Voitures de louage chez divers loueurs. (S'adresser aux hôtels.) — Bateaux de plaisance et de pêche sur le port, à forfait. — Calais est tête de ligne du service de Douvres : trois

l'une des ailes est surmontée d'un beffroi qui renferme l'un des plus célèbres carillons de la Flandre ; la tour du Guet, vieil édifice romain réparé au commencement du siècle, et l'*hôtel de Guise* construit par Édouard III et donné par Henri II au vainqueur de Calais.

Calais fait une concurrence très active au port de Boulogne pour le transit des voyageurs et le transport des marchandises à grande vitesse pour l'Angleterre ; on exporte beaucoup de produits alimentaires destinés à l'approvisionnement de Londres ; le mouvement des voyageurs atteint jusqu'à 200,000 par an.

Calais est une ville à demi anglaise et nos voisins d'outre-Manche s'y sont installés en tel nombre que, pendant la saison d'été, on compte trois Anglais sur quatre baigneurs ; c'est à eux qu'appartiennent la plupart des villas qui couvrent les environs de la ville.

Les murs d'enceinte qui ont été conservés ont empêché le développement de la vieille ville ; aussi une ville nouvelle s'est-elle créée au sud des remparts : c'est à *Saint-Pierre-lès-Calais* que s'est concentrée la vie industrielle du pays ; il s'y trouve des filatures, des fonderies et surtout des fabriques de tulle.

départs par jour, services à prix réduits pendant la saison.

HÔTELS. — Principales maisons : *Meurice*, *Sauvage*, de *Dunkerque*, du *Commerce*, de *Flandre* et de *Paris*.

BAINS. — Un établissement de bains et un casino sont installés sur le quai de la Marée.

Le beffroy d'Arras.

Port et plage.

Un chenal assez court maintenu libre, grâce aux puissantes chasses pratiquées à chaque marée par les eaux de retenue, donne accès au port d'échouage dans lequel s'ouvrent les écluses du bassin de flot. Ce port est beaucoup trop petit pour les besoins commerciaux de Calais.

L'établissement de bains et la plage se trouvent placés en avant de la ville, au pied de dunes qui protègent le port et ses bassins, ils sont donc situés assez loin et d'une façon assez incommode, car pour s'y rendre, on est obligé de longer tous les quais et de franchir le bassin des chasses sur un pont. Le casino est une assez jolie construction en bois, confortablement aménagée. La plage est de tout point analogue à celle de Dunkerque et les observations que nous avons faites à ce sujet peuvent se rapporter également aux bains de mer de Calais.

Le plus grand nombre des villas et pensions des environs de Calais se trouve au village *des Baraques*, situé 2 kilomètres O. de la ville, au delà du bassin à flot. Le séjour de ce village est plus agréable et l'on se trouve à proximité des bains sans avoir à faire le grand détour que nous venons de signaler.

Promenades et excursions.

On peut facilement faire de Calais d'intéressantes excursions aux belles falaises qui longent le Pas-de-

Calais et qui sont bornées par les caps Blanc-Nez et Gris-Nez. (*Voir* la description de cette côte au chapitre suivant, côte du Boulonnais.) Parmi les villes curieuses à visiter, citons Gravelines, Sangatte, Wissant, Guines, Marquise, Boulogne, etc.

GRAVELINES. Ville fortifiée, située entre Dunkerque et Calais, sur un petit port assez fréquenté des bateaux de commerce anglais. Gravelines a joui autrefois d'une importance considérable; mais l'ensablement de son port et l'impossibilité où l'on se trouve d'y remédier comme à Calais et à Dunkerque par des chasses puissantes, a beaucoup diminué le commerce qui s'y est longtemps fait.

On y trouve un chantier de constructions navales, et de grands entrepôts où sont déposés les œufs et les fruits qui constituent à peu près les seuls articles d'exportation avec l'Angleterre. Le seul monument remarquable de cette ville est sa vieille église datant du XVI° siècle.

Deux petits établissements de bains de mer sont situés aux villages du *Grand* et du *Petit fort Philippe*, qui se trouvent bâtis sur le bord même de la mer et de chaque côté du chenal, à 4 kilomètres de Gravelines.

SANGATTE. Ce petit port de pêche (10 kilom. de Calais) est situé au commencement du soulèvement des falaises du Boulonnais. Son seul intérêt est qu'on a projeté d'y établir l'entrée du tunnel sous-marin qui doit être creusé entre la France et l'Angleterre.

Ancien port d'échouage, aujourd'hui enterré sous les

dunes : lorsque le vent est violent, le déplacement du sable met souvent à jour les anciennes constructions et les quais. Ce bourg se trouve à peu près au centre de la syrte, aujourd'hui bien diminuée, qui est creusée entre les caps Blanc-Nez et Gris-Nez.

WISSANT. Wissant a été un port de commerce important ; son existence remonte au temps de César et l'on trouve encore aujourd'hui des monnaies et des armes romaines dans les environs, particulièrement dans les terrains qui forment le tumulus de *la motte Carlin.*

GUINES. Vieille ville célèbre par l'entrevue du Camp du Drap d'Or ; on y visite l'église et l'hôtel de ville, monuments modernes. Au centre de la ville se voient les restes de l'ancien château et de son donjon. La ville est peu intéressante par elle-même, mais elle se trouve placée au milieu d'une belle forêt accidentée, où l'on rencontre de superbes points de vue

PLAGES DU BOULONNAIS

CALAIS A SAINT-VALERY-SUR-SOMME

A partir de Sangatte, les dunes disparaissent et le soulèvement du Boulonnais se dessine ; on monte peu à peu jusqu'aux hautes falaises du Pas-de-Calais, limité par les caps Blanc-Nez au N.-E. et Gris-Nez au S.-O. La ligne qui joint ces deux caps forme une syrte arrondie au fond de laquelle se trouve le village de Wissant, aujourd'hui à moitié enfoui sous les sables qui tendent à envahir la petite baie.

Cette ligne représente la cassure par laquelle la mer du Nord communique avec la Manche, les terrains sont absolument identiques à ceux qui se trouvent en face sur la côte anglaise.

Le cap Blanc-Nez présente un escarpement à pic de falaises formées par la craie blanche, aussi la mer, qui vient en battre le pied sape-t-elle ce terrain friable, qui s'écroule graduellement. De Sangatte, on peut suivre à marée basse la ligne des falaises, qui s'élèvent jusqu'à 140 mètres, mais il faut bien choisir son heure, car si l'on était gagné par le flot, il n'y aurait aucun secours à attendre. On trouve au delà du cap le *cran d'escale*, par où l'on peut remonter sur la falaise. Le cap Blanc-Nez représente du côté de la mer un vaste amoncellement de ruines.

Au delà de Wissant, les terrains qui constituent la falaise changent d'aspect, on voit apparaître des bancs jurassiques inférieurs, marnes et craies glauconiennes verdâtres supportées par des argiles du gault. Ces argiles imperméables sont celles qui retiennent dans tout le bassin du Nord les eaux dites de niveau, et l'on voit sur la falaise émerger, à peu près à mi-hauteur, un grand nombre de cascatelles très pitoresques.

Gris-Nez est formé de roches sombres qui lui donnent un aspect morne et triste, il est élevé seulement de 50 mètres au-dessus du niveau de la mer. Comme Blanc-Nez, ce cap est miné à la base par les courants de flot, aussi recule-t-il assez rapidement. Depuis le commencement du siècle, il a diminué de 20 mètres. Il supporte un phare de premier ordre, tour ronde qui est éclairée par un feu tournant à éclipses toutes les 30 secondes.

Notre-Dame de Boulogne.

Du cap à Berck-sur-Mer, les falaises diminuent de hauteur et reculent vers l'intérieur des terres, la base se trouvant ensablée, ce qui fait que, malgré la présence de hauts contreforts, les plages sont très plates et peu accidentées, mais le paysage n'en est pas moins fort joli, surtout aux environs de Boulogne, où les côtes d'Equihen et d'Alprech présentent de fort beaux points de vue.

A partir d'Equihen, les dunes reparaissent et ne cessent plus jusqu'à Saint-Valery, interrompues seulement par l'embouchure de la Canche et celle de l'Authie, dans les baies sablonneuses de ce nom.

Toute cette côte est dangereuse et inhospitalière pour la navigation, les courants qui apportent dans cette région, sous forme de sable, les débris des falaises normandes, sont des plus dangereux pour les navires, qu'ils portent sur un rivage sans abri. On ne trouve, en effet, aucun port pour les bateaux de moyen tonnage entre Dieppe et Boulogne, c'est-à-dire sur une étendue de près de 200 kilomètres.

BOULOGNE

Boulogne, sous-préfecture du département du Pas-de-Calais, à 118 kilomètres N.-O. d'Arras, à 236 N.-N.-O. de Paris et 272 par le chemin de fer du Nord, à 32 kilomètres de Douvres en Angleterre. Port de mer à l'embouchure de la Liane, dans la Manche.

Topographie.

Les environs de Boulogne sont formés de falaises escarpées descendant brusquement dans la mer; la ville elle-même est à demi bâtie sur le flanc d'une colline. A six ou sept kilomètres au large, se trouve un banc sous-marin, la *bassure de Bass*, formé de sables accumulés, qui protège le port contre la fu-

PARCOURS. — De Paris, gare du Nord, 254 kilomètres. — Prix: 1re cl., 28 fr. 45; 2e cl., 19 fr. 20; 3e cl., 12 fr. 50.
MOYENS DE TRANSPORT. — 1° *Omnibus*. — On trouve à chaque arrivée des omnibus (gratuits pour les voyageurs munis de billets directs pour l'Angleterre), qui conduisent directement les voyageurs de la gare aux bateaux de Londres et de Folkestone. — Les omnibus de la gare ne font que le service de la basse ville, les voya-

reur des marées et constitue un brise-lames naturel de grande importance.

Historique.

La ville de Boulogne est fameuse dans l'histoire de la Gaule; les savants l'assimilent au *Portus Itius* des Commentaires de César; Caligula y bâtit un phare; Claude et Constantin y séjournèrent. Attila l'assiégea en vain (449); mais les Normands parvinrent à s'en emparer (882) et la conservèrent jusqu'en 912. Au moyen âge, les comtes du Boulonnais furent de puissants seigneurs; Godefroy de Bouillon naquit, dit-on, à Boulogne même. En 1477, Louis XI fit rentrer le comté dans le domaine de la couronne, et, pour éviter de rendre hommage aux ducs de Bourgogne, dont il se trouvait ainsi devenu le vassal, s'avisa de mettre la ville et ses dépendances sous la suzeraineté de la Vierge, exploitant à son profit une légende miraculeuse en honneur dans le pays.
Prise par les Anglais en 1544, rachetée par Henri II en 1550, Boulogne se conduisit bravement pendant

geurs qui se rendent à la ville haute, devront donc user des omnibus des hôtels (0 fr. 50 par place sans bagages) ou des voitures de place.
2° *Voitures de place.* — Un seul prix pour toutes les voitures de 6 heures du matin à minuit, 1 fr. 50 la course et 2 fr. l'heure; de minuit à 6 heures du matin, la course, 2 fr.; l'heure, 2 fr. 50; en dehors de la ville, 2 fr. 50 l'heure.
Outre les voitures de place, on peut, pour de longues

les guerres du XVIIᵉ et du XVIIIᵉ siècle. Mais c'est en 1801 qu'elle prit une nouvelle importance, grâce à Napoléon et au projet de descente en Angleterre. Pendant quatre ans, d'immenses armements furent faits sur toute la côte ; le maréchal Soult, l'amiral Bruix, et, par trois fois, Napoléon lui-même présidèrent aux manœuvres ; puis, en 1805, la défaite de Trafalgar força l'empereur à rappeler son armée pour combattre la quatrième coalition. Sous le règne de Louis-Philippe, on doit citer la tentative du prince Louis-Napoléon en 1840.

Les principales illustrations de Boulogne sont le professeur Daunou, qui fut aussi président du conseil des Cinq-Cents et du Tribunat ; Frédéric Sauvage, l'inventeur de la navigation à hélice, le célèbre critique Sainte-Beuve et l'égyptologue Mariette-Bey.

Aspect et Monuments.

Boulogne se divise en deux parties : la *haute ville*, comprenant l'ancienne cité, ceinte de murailles et flanquée de tours, s'élève à l'est, au sommet d'une

promenades, se procurer des chevaux, des ânes ou des voitures de remise chez un grand nombre de loueurs.
3° *Bateaux de promenade.* — On trouve toujours sur les quais et près des jetées des patrons de bateaux à voiles, avec lesquels on peut s'entendre pour des promenades ; prix variables selon la durée. Pour les promenades en rivière, on loue, sur le quai de la Liane, des canots à raison de 0 fr. 50 à 1 fr. l'heure.

colline du haut de laquelle on jouit d'une admirable vue sur le port, la mer et, les jours de beaux temps, jusqu'aux falaises de Douvres, les remparts plantés d'arbres, l'antique château bâti au XIIIe siècle par Philippe Hurepel, les rues tortueuses et irrégulières contribuent à donner à cette partie de la ville une physionomie pittoresque. La *basse ville*, au contraire, et son annexe le quartier industriel de Brequerecque, s'étend le long des quais, sur la rive droite de la Liane ; c'est là que se trouvent les magasins de luxe, les hôtels, les maisons bourgeoises, habitées en grand nombre par des Anglais. Boulogne, comme Calais, est en effet une ville à demi anglaise, et la langue de nos voisins s'y parle couramment.

De l'autre côté du fleuve, le faubourg de Capécure renferme la gare, le bassin à flot et des usines en nombre considérable.

Sauf le château et un vieux beffroi situé derrière l'Hôtel de Ville, presque tous les édifices de Boulogne sont modernes et n'offrent aucun intérêt artistique ou historique. La cathédrale Notre-Dame, achevée en 1866, repose sur une crypte du XIIe siècle ; les autres églises, dont une seule, Saint-Nicolas, est d'origine ancienne, n'ont rien de remarquable.

4° *Bateaux pour l'Angleterre.* — Il y a deux départs par jour pour Folkestone et un pour Londres par la Tamise. — Pendant la saison balnéaire, il y a de nombreuses traversées de plaisir de Boulogne à Londres.

HÔTELS. — Il existe à Boulogne de nombreux hôtels et un nombre considérable de maisons meublées et d'appartements garnis ; Boulogne étant très fréquenté par les Anglais, ceux-ci y ont apporté leurs coutumes, et on

Port et Plage.

Deux digues jetées, présentant une légère courbure destinée à protéger les navires contre les vents d'ouest, donnent accès, par un chenal de 700 mètres de long sur 72 mètres de large, dans le port d'échouage, long de 900 mètres et large de 100 à 180 mètres; une écluse de chasse, avec pont tournant, le sépare de l'arrière-port, formé par le lit de la Liane, et communiquant avec le bassin de retenue, d'une superficie de plus de 60 hectares. Au S.-O. du chenal, se trouve le bassin à flot, pouvant abriter les navires du plus grand tonnage.

Les phares de Gris-Nez et d'Alprech et les feux du port suffisent à éclairer cette partie de la côte. Le mouvement commercial de Boulogne, quoique moindre que celui de Dunkerque, est encore de 180 à 200,000 tonnes à l'entrée, de 60,000 à la sortie; 30,000 à 70,000 voyageurs s'y embarquent ou y débarquent.

trouve, tant dans la ville même que sur les bords de la Liane, des pensions de famille (Boarding-houses) où l'on peut s'installer pour la saison à des prix variables suivant l'époque, mais toujours relativement élevés.

Les principaux hôtels de Boulogne sont: Hôtel du *Pavillon impérial et des bains de mer* (vue sur la mer), de *Bellevue*, *Meurice*, de l'*Univers*, du *Commerce*, de *Folkestone* (quai des paquebots), de *France*, de *Flandre*, de *Bordeaux*, de *Paris*, de *Canterbury*, etc. Les prix varient entre 8 et 20 fr. par jour.

BAINS. — *Grand établissement du Casino* ouvert du

Malgré les travaux exécutés, le port de Boulogne, de premier ordre comme port de pêche, est loin d'offrir toute la sécurité désirable; on a projeté d'utiliser la *Bassure de Bass* dont nous parlons plus haut, et d'y établir une digue qui, entourant la côte, d'Ambleteuse à Equihen, à une distance maxima de 3,000 mètres, constituerait une superbe rade en eau profonde et ferait de Boulogne le premier port de cette région.

La plage de Boulogne est fort belle ; le sable y est fin et elle s'avance en pente douce depuis le bas de la jetée nord du port jusqu'au premier rocher près du fort de la Brèche, ce qui lui donne une étendue d'environ 1 kilomètre. La mer y est souvent dure, ce qui rend le secours du baigneur nécessaire aux enfants, aux femmes et à toutes les personnes qui ne savent pas nager; aussi, pour remédier à cet inconvénient, la ville a-t-elle fait construire deux magnifiques bassins de natation où l'eau se renouvelle à chaque marée. Le paysage de cette plage est nul au point de vue pittoresque, car on n'y a pour distraction que la vue du mouvement du port et le panorama, d'ailleurs fort beau, mais monotone, des hautes collines surchargées de villas qui entourent

1er mai au 15 octobre : bains à la plage ou dans les grands bassins de natation réservés soit aux hommes, soit aux dames, bains chauds, hydrothérapie. — En raison de la largeur de l'estran, à chaque marée, des voitures cabines font le service et conduisent les baigneurs jusque dans la mer, au moment du bain, la plage est ainsi parcourue par plus de deux cents voitures, ce qui lui donne une grande animation. Prix du bain avec la voiture-

la ville ; mais les personnes qui aiment la vie mondaine et luxueuse trouveront rarement un établissement plus confortable et mieux installé.

Une terrasse qui domine immédiatement la plage et dans laquelle sont creusés les bassins de natation, donne accès au Casino, vaste construction de 50 mètres de largeur, formée d'un carré long flanqué aux quatre angles de pavillons qui avancent sur le reste du monument. Ce Casino renferme un théâtre, une salle de bal, de grands salons de lecture, une bibliothèque, des jeux, etc. Derrière la construction, c'est-à-dire du côté de la ville, se trouve un grand jardin, admirablement entretenu et ombragé de beaux arbres, où peuvent jouer les enfants lorsque le vent est trop violent sur la plage.

Le climat de Boulogne, résidence favorite des Anglais, est froid, brumeux ou pluvieux ; à partir du mois d'août, les soirées et les nuits sont fraîches et humides. Ce sont là des conditions défavorables pour les baigneurs d'une constitution délicate ou à réaction lente ; aussi doivent-ils prendre, sous le rapport du vêtement et des habitudes, les précautions qu'exige un pareil climat. La vie de Boulogne n'est pas seulement concentrée sur sa belle plage, de

cabine, 1 fr. ; par abonnement, 9 fr. les douze.

CASINO. — Le *Casino de Boulogne*, qui ne fait qu'un avec l'établissement de bains, est l'un des plus beaux de France. Sa construction a coûté plus de deux millions ; il renferme des salons admirablement décorés, une immense salle des fêtes, un théâtre, un restaurant, etc. Prix d'entrée : 3 fr. Par abonnement : 58 fr. pour la saison ; 29 fr. par mois ; 10 fr. par semaine. L'entrée et l'abonnement

nombreuses familles habitent pendant leur séjour les coquettes villas du Portel et des bords de la Liane.

Promenades et Excursions.

La ville, fort belle elle-même, possède des quais magnifiques, un certain nombre de squares et de promenades; non loin de ses remparts, jaillit une source ferrugineuse, *la Fontaine de Fer*, très fréquentée par les baigneurs anémiés; au nord de la ville, se dresse la colonne érigée en mémoire de la Grande-Armée.

Aux environs, nous signalerons les *hautes falaises* dominant la mer, la vallée du *Denacre*, le *Moulin-l'Abbé*, avec sa *vieille et curieuse Chapelle*, convertie en grange, la vallée de la *Liane*, etc.

Le chemin de fer conduit à *Marquise*, à *Ambleteuse*, à *Wimereux*, et à *Étaples*, qui, avec *le Portel* et *le Touquet*, constituent les plages accessoires de Boulogne.

donnent droit aux salons de lecture, aux concerts, aux bals, en un mot, à toutes les distractions, sauf au théâtre et aux fêtes extraordinaires.

Il existe, dans le Casino, un cercle et des salons de jeu dont l'entrée nécessite une admission ou une autorisation spéciale.

Théatre. — Le théâtre de Boulogne, situé rue Monsigny, donne, pendant la saison, des représentations les mardis, jeudis et samedis.

Plages annexes de Boulogne.

AMBLETEUSE

Ce petit village, situé à 9 kilomètres de Marquise, a perdu son importance d'autrefois par suite de l'ensablement de son port. A cette petite station balnéaire, point de départ des excursions au *Cap Gris-Nez*, la vie est calme et très facile.

MARQUISE

Petite ville de 4,500 habitants, station du chemin de fer de Boulogne à Calais, est un centre d'excursions très intéressantes. Les ruines de l'*Abbaye de Beaulieu;* la *Danse des Noces*, monument druidique des plus curieux ; la charmante *Vallée Heureuse*, que traverse la Slack, les hauts fourneaux et les carrières de marbre de la région, etc., ramènent chaque année à cette station des baigneurs et des touristes.

WIMEREUX

Hameau bâti à l'embouchure du ruisseau *le Wimereux*, est fréquenté pendant la saison par un certain nombre de baigneurs, pour la plupart professeurs et étudiants, attirés par le laboratoire qu'y possède la Faculté des sciences de Lille.

LE PORTEL

C'est un petit port de pêche (4,266 hab.), situé non loin du cap d'Alprech et à 4 kilomètres de Capécure. Au sud du Portel se trouve *Equihen*, village de pêcheurs, que fréquentent de rares baigneurs.

ÉTAPLES

Chef-lieu de canton (3,000 hab.), port sur la rivière de la Canche et station du chemin de fer du Nord (*voie de Paris à Boulogne et Calais*). Cette petite ville, d'origine antérieure à la conquête romaine, ne serait autre que l'antique cité de *Quentovic*. Aujourd'hui, par suite de l'ensablement presque général de la baie de la Canche, son port n'est plus accessible qu'aux bateaux de pêche. Comme station balnéaire, Étaples se voit délaissée par son ancienne clientèle de baigneurs, au profit de la plage du Touquet.

LE TOUQUET

Station balnéaire de création récente, située à 4 kilomètres d'Étaples, est appelée à devenir la principale des plages annexes de Boulogne. Le Touquet possède une plage de sable fin, sans galets ni vase, présentant une étendue de 5 kilomètres sur la mer et de 3 kilomètres sur la baie de la Canche. Le hameau balnéaire, construit au centre d'un vaste terrain en bordure de la mer, se trouve encadré par des bois nouvellement plantés qui un jour donneront de l'abri et rappelleront, mais de loin, Arcachon en raison du grand nombre de sapinières que l'on a plantées. C'est là un grand effort qui a été fait par les intéressés, il serait à souhaiter qu'il soit récompensé, mais malheureusement cette région est bien âpre et bien froide.

BERCK-SUR-MER

Berck-sur-Mer, bourg du Pas-de-Calais, arrondissement de Montreuil, 4,000 habitants.

Berck, il y a seulement quelques années, n'était qu'un village de pêcheurs, séparé de la mer par des dunes sablonneuses de 1,500 mètres de largeur. Le

PARCOURS. — De Paris, gare du Nord, 216 kilom. — Trajet par la ligne du Nord jusqu'à Verton, puis de Verton à Berck par une ligne locale. — Prix: 1re cl., 24 fr. 70; 2e cl., 16 fr. 90; 3e cl., 11 fr. 05.
MOYENS DE TRANSPORT. — Omnibus à la gare. —

choix de cette plage pour l'installation d'un grand hôpital appartenant à l'Assistance publique de Paris a décidé de la fortune de la station. La décision de l'Administration a été prise sur les instances du docteur Perrochaud de Montreuil qui avait remarqué et établi la rareté de la scrofule dans les environs de Berck, et après un rapport favorable du docteur Bergeron.

L'hôpital maritime est une vaste construction qui peut recevoir jusqu'à 600 enfants : encouragés par l'exemple de l'Assistance publique, MM. de Rotchschild ont fondé un hôpital israélite où 80 enfants peuvent recevoir des soins.

« Berck écrit le Dr Bergeron, est situé sur la Manche, par 0°,40' de longitude Ouest, et 50°,20' de latitude Nord. Cette plage est circonscrite à l'Est, par une zone de dunes dont la largeur varie de 100 à 400 mètres ; de la cime de ces dunes, on embrasse d'un coup d'œil une longue étendue de sable, qui, mesurant de (l'embouchure de l'Authie au sud, à celle de la Canche au nord), une ligne droite de 21 kilomètres, peut, par les plus fortes marées, avoir de 1,400 à 1,600 mètres de large et présente en tout temps une surface unie, sans galets ni rochers.

« En arrière des dunes, et avant d'arriver au village qui donne son nom à la plage, on rencontre de fertiles prairies dues à des relais de mer.

Voitures de louage à la gare et sur la plage.

HÔTELS. — Principales maisons : *Grand Hôtel*, de *l'Espérance*, de la *Plage*, de *France*. Nombreux appartements et villas tant sur la plage que dans le village.

BAINS. — Établissement de bains sur la plage.

« L'orientation de la plage est plein ouest, de sorte que l'horizon n'est borné qu'au nord, par les falaises du Boulonnais et au sud par celle du Tréport et de Dieppe. Les marins du pays affirment qu'elle est à la fois préservée des vents froids du nord et de l'est, et ne se ressent jamais des tempêtes qui soufflent du sud-ouest. On comprend cependant, qu'à cette latitude, la température du rivage ne soit jamais extrêmement élevée, mais ce qui est constant et digne de remarque, c'est que, par les plus grands froids, elle ne s'abaisse jamais au-dessous de $-9°$ et reste la plupart des hivers entre $+4°$ et $-4°$; ainsi le sable, celui même que n'atteint pas le reflux, ne gèle jamais à une profondeur de plus de $0^m,05$. Qui ne reconnaît là l'influence de cette dérivation en retour du Gulf-Stream, qui, sous le nom de courant de Rennel, regagne l'Atlantique en suivant les côtes de France et d'Espagne. Cette circonstance explique comment les enfants peuvent, pendant la plus grande partie de l'hiver, continuer à vivre en plein air, et je n'ai pas besoin de faire ressortir l'importance de ce fait pour ceux des scrofuleux dont la maladie exige un traitement prolongé. »

L'auteur du rapport ajoute que « la plage n'est traversée par aucun cours d'eau, venant de l'intérieur apporter des détritus et des immondices » qui la souilleraient à marée basse. L'eau potable ne manque pas ; elle est limpide et d'un goût agréable. « Il n'y a pas de marais salants, et les sables sont fixes ou, du moins, ne sont pas mouvants, et la mer, en se retirant, laisse de petits bassins formés par des accidents de terrain, et dans lesquels les enfants trouvent des bains à eau calme dont la température s'élève parfois jusqu'à 25° centigrades. » (Bergeron, *loc. cit.*)

On voit de suite, d'après cette description si nette et si vraie, quelles immenses ressources les petits scrofuleux peuvent retirer de pareils bains ; les excités seront apaisés comme à Arcachon, à Boucas-Blanc par ces bains à *eau calme ;* les déprimés trouveront, dans le bain à la lame, l'excitation nécessaire à leur organisme débilité.

Il convient d'ajouter que la situation de Berck relativement peu éloignée de Paris, permet d'y envoyer un grand nombre d'enfants sans trop de frais.

« Les engorgements glandulaires, les abcès froids, les gommes scrofuleuses, les tumeurs blanches, et enfin le rachitisme peuvent y espérer, sinon la guérison, toujours une amélioration notable. Les blépharites chroniques, en général les affections des yeux, les éruptions eczémateuses, otorrhées sans lésion osseuse, les caries étendues, les nécroses profondes, s'améliorent rarement et le plus souvent s'exaspèrent. En résumé, il y a eu, sur 380 cas de diathèse scrofuleuse, traités à l'hôpital des enfants de Berck-sur-Mer, 234 guérisons, c'est-à-dire une proportion de 60 0/0 ; 93 améliorations ou 23 0/0 ; 18 décès ou 4,6 0/0 et 36 résultats nuls ou 9 0/0. » (Bergeron, *loc. cit.*)

Ces chiffres sont certainement encourageants ; mais, malgré l'autorité des docteurs Bergeron et Campardon, auxquels nous avons emprunté les lignes qui précèdent, nous pensons qu'on doit en attribuer le bénéfice beaucoup plus à l'hydrotérapie

Cathédrale d'Amiens.

marine, à l'air salé et aux soins intelligents du docteur Cazin, dont on ne saurait trop louer le dévouement et le zèle professionnel, qu'au climat propre de la station de Berck. La situation de cette ville est en effet des plus médiocres et, en dépit du Gulf-Stream auquel on fait jouer vraiment un rôle par trop important et qu'on fait remonter trop haut, Berck est dans une région froide et âpre ; de plus le sable, qui est le seul terrain du pays, est un grave inconvénient pour faire séjourner sur la plage les enfants scrofuleux qui sont trop souvent atteints d'ophtalmie. Il faut donc bien avouer que, tout en acceptant l'utilité de stations maritimes, on doit regretter que la première installation ait été faite dans un pays dont le seul avantage réel est de ne ne pas être éloigné de Paris.

Le docteur Bergeron, dans son rapport, a beaucoup insisté sur la terminaison du Gulf-Stream sur les côtes de Picardie. Or il est parfaitement démontré aujourd'hui que ce grand courant meurt au delà de Cherbourg, sinon au point de vue mécanique, tout au moins au point de vue de la température des eaux de mer. C'est sur la côte ouest du Cotentin et aux îles normandes que se font sentir les derniers effets bienfaisants du grand courant d'eau chaude. Or, si l'on veut, comme la chose devrait être, choisir de véritables stations sanitaires, où l'on soit certain de trouver un climat tempéré en été et en hiver, c'est à la partie nord de la Bretagne et ouest du Cotentin qu'il faut s'adresser : là, les gelées sont rares, la neige ne tombe presque jamais, et les camélias poussent en pleine terre ; les plages sont à l'abri des vents, grâce aux pointes nombreuses qui limitent les anses. Voilà, à notre avis, la seule région qui réponde à l'installation de véritables *sanatoria*.

Cette opinion commence d'ailleurs à être partagée par beaucoup de nos confrères et l'on peut espérer qu'avant peu, des hôpitaux s'élèveront dans des terrains plus propices que celui de la côte de Berck.

SAINT-VALERY-SUR-SOMME.

Saint-Valery-sur-Somme chef-lieu de canton (Somme) à l'embouchure de la Somme ; petit port de 3,605 habitants.

Historique.

Saint-Valery, dont l'emplacement fut peut-être occupé jadis par un camp romain, doit sa fondation à un moine de Luxeuil (613). Louis III rem-

Parcours. — De Paris, gare du Nord, 195 kilom. — Prix : 1re cl., 21 fr. 85 ; 2e cl., 14 fr. 75 ; 3e cl., 9 fr. 60.
Moyens de transport. — Omnibus à la gare ; voitures de louage dans les hôtels et chez de nombreux loueurs, ainsi que des ânes et des carrioles.
Bateaux. — Un bateau à vapeur fait tous les jours le service pour le Crotoy ; prix : 0 fr. 50.

porta à Saucourt, dans les environs, une victoire qui délivra la ville des Normands (881). Un siècle et demi plus tard, Harold y fut emprisonné ; enfin c'est de Saint-Valery que Guillaume le Conquérant parti de Dive et forcé par le vent du sud de se réfugier dans la baie de la Somme, s'embarqua définitivement pour l'Angleterre en 1066.

Pendant la guerre de Cent ans, la ville de Saint-Valery fut prise et pillée par Charles le Mauvais ; en 1745, brûlée par Louis XI ; au XVIᵉ siècle, ruinée par les guerres de la Ligue ; ce n'est qu'à la fin du XVIIᵉ siècle qu'elle entra dans une ère de tranquillité.

Saint-Valery a donné naissance au père Lallemand et au contre-amiral Perrée.

Aspect et Monuments.

Le port de Saint-Valery s'appelle *la Ferté* ; la ville proprement dite occupe le sommet d'une colline qui tombe à pic dans la mer, on y voit les restes de vieux remparts, les ruines de la tour où fut enfermé Harold, et l'église Saint-Martin, datant du XIIIᵉ du XVᵉ et du XVIᵉ siècle. La basse ville n'offre rien de particulier à signaler ; quant à l'ab-

La traversée du chenal se fait en bateau au prix moyen de 0 fr. 20.

Services de promenades et excursions au Tréport, à Dieppe et à Boulogne pendant la saison.

Bateaux de promenade sur le port ; prix à forfait.

HÔTELS. — Hôtels de *France*

baye de Saint-Valery, elle est située en dehors du mur d'enceinte; il existe une chapelle sans intérêt, à l'extrémité de la colline qui forme le cap *Hornu* ou *Cornu* et d'où l'on jouit d'une belle vue sur la baie, la mer et les environs.

Port et baie de Somme.

Avant la construction du viaduc reliant les deux rives de l'estuaire, Saint-Valery et le petit port du Crotoy qui lui fait face présentaient une certaine importance comme lieu de refuge pour les navires qui se rendait à Abbeville. Aujourd'hui la baie tend à s'ensabler ; sur plusieurs points, on rend les rives à la culture ; à l'entrée, s'accumulent des bancs considérables que les chasses établies sont impuissantes à balayer. On a cependant projeté d'agrandir le port en y ajoutant un bassin à flot. Actuellement il se compose d'un chenal, bordé d'une digue de halage, et d'un port d'échouage accessible aux navires de 300 à 500 tonneaux.

C'est un curieux spectacle que de voir, à la marée montante, cet immense estuaire, large à son embouchure de près de deux lieues, et presque à

et du *Port*. Nombreux appartements et maisons meublés; prix variables entre 200 et 1,500 fr. pour la saison.

BAINS. — Un établissement assez bien installé renferme un service de bains chauds.

CASINO. — Ouvert pendant la saison ; prix d'abonnement; 20 fr. pour la saison et 40 fr. pour une famille de 5 personnes.

Canal de la Somme à Amiens.

sec quand la mer est basse, envahi rapidement par le flot qui monte avec bruit, entraînant une centaine de petits bateaux à voiles, ramenés du large où ils pêchaient la crevette et le maquereau. Saint-Valery est en effet un port de pêche assez important, et cette industrie contribue, avec l'exportation des légumes, à la prospérité du pays.

Il n'y a pas de plage à Saint-Valery ; pourtant il existe deux établissements de bains, l'un à la Ferté, à l'entrée du port, l'autre plus loin, vers la ville, près de la pépinière où est bâti le casino. Ces bains sont peu fréquentés, car on ne peut s'y baigner qu'à marée haute, et l'extension n'en est pas considérable.

Promenades et Excursions.

De Saint-Valery on peut faire de jolies excursions au *Bois des Bruyères*, à Pinche-Falise et à la vallée d'Amboise ; on peut aussi se rendre, par terre ou par eau à la sous-préfecture d'*Abbeville*. Parmi les bourgs et les villages environnants, il faut citer *Rue, Crécy, Noyelles*, dans l'intérieur des terres, les petits ports du *Crotoy*, du *Hourdel*, et les plages de *Cayeux* et d'*Onival*.

ABBEVILLE. Selon les uns *Hableville* ou *Havreville*, selon les autres *Abbatis villa*, sous-préfecture du département de la Somme, située sur la Somme (19,000 habitants).

Cette cité fortifiée par Charlemagne et par Hugues Capet, faisait partie des fameuses *villes de la Somme* au sujet desquelles Louis XI batailla si souvent contre les ducs de Bourgogne; en 1415, Louis XII y célébra son mariage avec Marie d'Angleterre; les guerres de la Ligue et celles du règne de Louis XIV nuisirent au développement commercial de la ville dont les fortifications, presque détruites, furent réparées par Vauban. C'est à Abbeville qu'eut lieu, en 1766, le jugement et l'exécution du chevalier de la Barre.

Parmi les monuments à visiter, signalons l'*Église Saint-Wulfran*, inachevée, mais très remarquable; le *beffroi* de *l'Hôtel de ville*, et diverses vieilles maisons, situées dans des rues anciennes et tortueuses; la *maison de François I*er, le *logis Sélincourt*, les bâtiments de la prison. Abbeville a donné naissance à Millevoye, au musicien Lesueur et à l'amiral Courbet.

La vallée d'Abbeville, arrosée par trois rivières, communique en outre avec le canal de Saint-Quentin, et avec la mer par le canal de Saint-Valery, ce qui permet à un certain nombre de vaisseaux, représentant ensemble environ 20,000 tonnes, d'entrer dans le port d'Abbeville et d'en sortir annuellement. Des manufactures de draps, de tapis, de toiles, des raffineries, des corderies constituent les industries principales d'Abbeville.

RUE. Jadis port de mer, n'offre plus d'autre intérêt que son église, ou plutôt sa chapelle du Saint-Esprit, restée seule debout après la démolition de l'église Saint-Vulphy, en 1826. Cette chapelle, bâtie du XIIIe au XVIe siècle, est ornée d'un porche où se trouvent de superbes sculptures.

CRÉCY-EN-PONTHIEU. Situé aux environs d'une belle

forêt de 28 kilomètres de tour, possède une église du xv⁰ siècle et une croix très ancienne; on y visite en outre le champ de bataille où Édouard III vainquit Philippe de Valois en 1346.

NOYELLES-SUR-MER. Pauvre village de 802 habitants, voyait autrefois la marée pénétrer jusqu'à l'écluse d'un moulin dans le ruisseau du Pont-Dieu; près de là se trouve la *Butte de Saint-Ouen*, dans laquelle des fouilles récentes ont fait découvrir de nombreux ossements.

Stations annexes de Saint-Valery

LE CROTOY

Autrefois ville importante, aujourd'hui bourg maritime de 1,500 habitants, situé au milieu de la baie de Somme, à 3 kilomètres environ au nord de Saint-Valery, entouré de vieux remparts; on y montre une église dont le clocher date du

PARCOURS. — De Paris, gare du Nord à Noyelles par la ligne du Nord, puis de Noyelles au Crotoy par une ligne locale (197 kil.) — Prix : 1ʳᵉ cl., 22 fr. 05 ; 2ᵉ cl., 15 fr., 3ᵉ cl., 9 fr. 80.

MOYENS DE TRANSPORT. — Omnibus à la gare. On peut se procurer des voitures pour promenades et

xvᵉ siècle, et l'emplacement d'une tour où Jeanne d'Arc aurait été enfermée par les Anglais. Ce port bien abrité, possède un grand bassin de retenue, qui sert à combattre le rapide ensablement du chenal. L'établissement de bains, assez fréquenté à cause de la salubrité du Crotoy, renferme un jardin anglais, un restaurant, un café, des salons ; on y découvre une belle vue sur la mer, la baie et Saint-Valery. Peu d'excursions à faire, vu l'insignifiance des environs ; on se rend cependant aux *dunes de Saint-Quentin*, intéressantes surtout au point de vue géologique. Le port du Crotoy est un port de pêche comme Saint-Valery.

LE HOURDEL

(102) habitants) est un simple hameau de Cayeux situé à 4 kilomètres de Saint-Valery ; la plage y est belle et l'on a songé à y établir des bains.

CAYEUX

Gros bourg de 300 habitants, possède une église du xiiiᵉ siècle ; il n'y a pas de port et les barques

excursions et même louer des voitures au mois chez un certain nombre de loueurs.
Voiture publique, pendant l'été, desservant Rue et Noyelles.

Bateaux. — Un bateau à vapeur fait tous les jours le service de Saint-Valery ; prix : 0 fr. 50.
La traversée du chenal se fait en bateau au prix de 0 fr. 15.

abordent directement sur la plage où elles sont traînées par des chevaux. Le voisinage de quelques dunes causait autrefois l'ensablement des rues et des champs ; mais il s'est élevée une masse de galets, arrachés aux falaises du Bourg-d'Ault, qui protège les habitations et permet à la culture de s'étendre.

A 2 kilomètres au nord de Cayeux, on a établi un phare tournant de troisième ordre qui permet aux navires de se diriger à travers les bancs de sable de la baie de Somme. Un grand étang de 8 kilomètres de long servait de refuge aux barques de pêche, avant que le chenal n'en eût été obstrué par le sable et les galets.

ONIVAL

A quelques kilomètres du sud de Cayeux, est une plage en formation ; à marée haute, les galets y sont nombreux mais la mer, en se retirant, laisse à découvert une superbe grève sablonneuse. Il s'y trouvait déjà un établissement de bains ; mais,

Bateaux pour promenades et pêche dans le port. Prix à forfait.

HÔTELS. — Du *Casino*, de la *Maine*, du *Crotoy*. Nombreux appartements et maisons meublés ; prix variant de 200 à 600 fr. et plus pour la saison.

BAINS. — Plusieurs établissements de bains sur la plage, école de natation, établissement d'hydrothérapie, bains chauds, etc.

CASINO. — Ouvert pendant la saison ; prix : 5 fr. par mois par abonnement, et 0 fr. 50 pour une entrée.

depuis quelques années, de nombreuses villas s'élèvent aux environs et l'on bâtit en ce moment un petit casino et un hôtel destinés à attirer les baigneurs, encore très rares sur cette partie de la côte. Onival touche, par le faubourg des Quatre-Rues, au Bourg-d'Ault dont nous parlerons plus bas.

Onival est la première plage de galets en partant du nord ; à mesure qu'on s'avance vers le sud, on en rencontre toujours davantage et d'une façon plus continue.

DEUXIÈME RÉGION

FALAISES CRÉTACÉES — PLAGES A GALETS
(TRÉPORT AU HAVRE)

Cette partie du littoral est la plus fréquentée des bords de la mer en France ; elle doit sa fortune à la proximité de Paris et à la richesse artistique des paysages ombragés du pays de Caux, l'un des plus fertiles en pâturages. La côte est la plus intéressante de notre pays, après la Bretagne ; c'est d'Ault au Havre que l'on peut admirer les plus belles falaises de la Normandie.

L'origine de ces falaises est due à un soulèvement du pays, dont les puissantes stratifications ont subi un mouvement d'ascension qui a élevé le sol de plus de 100 mètres au-dessus de l'ancien niveau.

Tous ces terrains sont des dépôts calcaires et crétacés, alternant avec des lits de silex qui reposent sur les terrains jurassiques dont on voit apparaître les argiles au niveau de la mer.

Sur une ligne qui va dans la direction nord-ouest-sud-est, d'une étendue de 140 kilomètres, les falaises s'élèvent à une hauteur moyenne de 70 mètres, qui atteint, en divers points, jusqu'à 106 mètres.

Le caractère propre de toute cette côte est d'être rentrante, c'est-à-dire que les dessins de la falaise forment une série de lignes légèrement concaves, interrompues seulement par des caps émoussés qui avancent un peu dans la mer. Ces caps, dont les principaux sont le cap d'Antifer et le cap de la Hève, tendent toujours à disparaître, en raison de leur fragilité.

Tous ces terrains, en effet, manquent de la solidité qui caractérise le granit de Bretagne; leur base marneuse ou argileuse est sapée par la mer qui creuse de larges et profondes entailles, de telle sorte que la masse qui surplombe ne tarde pas à s'écrouler dans les flots. Ces écroulements servent pendant quelque temps de jouet aux vagues, qui les réduisent en galets et en sables; ceux-ci sont entraînés par les courants : les galets, plus lourds, sont déposés sur les plages où ils sont une gêne grave pour les baigneurs ; les sables, en raison de leur légèreté, remontent jusque vers la Picardie et la Flandre. Lorsque ces cordons de galets ont été emmenés au loin et détruits, la falaise est de nouveau mise à vif et un nouvel éboulement se produit.

C'est par ce mécanisme que la côte normande tend à reculer sans cesse, tandis que les plages du Nord s'avancent en raison de l'apport perpétuel de sable qui vient les couvrir.

D'après des études publiées par Lamblardie, le recul des côtes du pays de Caux ne serait pas moindre de 40 mètres par siècle. Ces chiffres ont été contestés par M. Lennier qui les trouve exagérés de moitié ; mais cette différence d'appréciation tient peut-être à ce que ces géologues n'ont pas tenu compte du phénomène dans le même terrain.

En effet, d'Ault à Étretat, le soulèvement n'a fait apparaître que des bancs crayeux renforcés de rognons épais de silex, de sorte que la mer prend lentement sur ces falaises solides et relativement résistantes ; mais à partir d'Étretat et du cap d'Antifer, les marnes apparaissent au-dessous de la craie, offrant une prise facile au flot, et au cap de la Hève ces marnes sont superposées à des argiles supérieures du terrain jurassique qui offrent une prise encore plus facile aux vagues. On comprend donc sans peine que toute la région comprise entre Étretat et le Havre s'écroule plus rapidement que les falaises situées au-dessus d'Étretat, lesquelles ne cèdent que lorsqu'elles sont battues par une mer furieuse.

Le soulèvement du pays de Caux ne s'est pas fait d'une seule pièce; il s'est naturellement produit des *failles*, c'est-à-dire des fentes, à travers lesquelles, sous l'influence de la poussée interne, ont émergé des terrains inférieurs jurassiques, composés surtout de craie glauconienne et d'argiles, terrains plus meubles que les terrains crétacés, aussi ces failles ont-elles servi de préférence aux eaux d'écoulement qui y ont tracé leurs vallées. C'est ainsi que les rivières de la *Bresle* (Tréport), de l'*Yère* (Criel), de l'*Arques* (Dieppe), de la *Saanne* (Saint-Aubin), de Fécamp, etc., ont formé leur embouchure.

Ces failles, très nombreuses, ont découpé de la façon la plus pittoresque la ligne un peu monotone des falaises normandes; rien de plus frais que ces vallées verdoyantes où la végétation, protégée par la hauteur des collines, devient rapidement luxuriante dès qu'on s'éloigne de la mer ; elles offrent au baigneur des promenades charmantes et ne contribuent pas peu à faire des plages de ces contrées des nids coquets et agréables à habiter, car il faut bien reconnaître que, sans ces promenades de l'intérieur, le séjour sur les grèves couvertes de galets et au pied de falaises à pic très difficilement accessibles, toujours atteintes par l'eau qui, à chaque marée, vient les battre, ne serait pas longtemps supportable.

Les côtes normandes ne sont pas plus accores que celles du Nord ; du Havre à Boulogne, les bateaux de fort tonnage ne trouvent d'abri qu'au port de Dieppe, et les courants violents qui poussent au rivage sont dangereux aussitôt que la mer devient un peu forte ; la navigation y est donc dangereuse car tout navire échoué est perdu et ne peut attendre aucun secours au pied de ces falaises élevées. Aussi une importante ligne de phares avertit-elle les marins pour qu'ils puissent s'éloigner de ces parages dangereux.

On trouve dans toute cette partie de la Normandie, connue sous le nom du *Pays de Caux*, une végétation magnifique et d'admirables pâturages aussi touffus et aussi arrosés que ceux de la Suisse. Le terrain, en effet, est presque montagneux par sa constitution géologique ; les soulèvements que nous avons indiqués ont produit leur effet sur toute la région et le sol crétacé qui la recouvre est éminemment propre à un drainage naturel qui absorbe l'eau des pluies et les restitue de tous côtés en sources nombreuses qui entretiennent partout la fraîcheur.

Toutes les pâtures sont entourées de grands massifs d'arbres qui encadrent la verdure des prairies et forment ainsi une multitude d'îlots où le paysage prend à chaque pas des formes nouvelles.

Cette disposition des sites ne contribue pas peu à

rendre attrayante la région de ce merveilleux pays et l'on comprend facilement que la foule des baigneurs s'empresse dans les moindres coins de la côte, car, si les plages ne sont pas toutes pittoresques, toutes possèdent du moins une campagne agréable où les promenades fraîches et abritées ne manquent presque jamais.

LE TRÉPORT

Le Tréport, ville de près de 4,000 habitants, située sur la Manche, à l'embouchure de la Bresle.

Aspect et Monuments.

Le Tréport n'a, pour ainsi dire, pas d'histoire ; à part les ravages qu'y causèrent les Anglais pendant

PARCOURS. — De Paris, gare du Nord, 183 kilom. — Prix : 1re cl., 20 fr. 50 ; 2e cl., 13 fr. 85 ; 3e cl., 9 fr.
Trajet par Amiens et Abbeville.

De Paris Saint-Lazare, 204 kilom. — Prix : 1re cl., 22 fr. 85 ; 2e cl., 15 fr. 40 ; 3e cl., 10 fr. 05.
MOYENS DE TRANSPORT. — Omnibus à la gare, se rendant à Mers-les-Bains.

les guerres du XIVᵉ siècle, on trouve peu de faits à signaler jusqu'à nos jours, ou du moins des faits presque exclusivement d'importance locale, tels que les travaux entrepris dans le port par les comtes d'Eu, les comtes d'Artois et de Clèves et le duc Henri de Guise.

L'aspect de la ville est assez pittoresque; une partie s'étage sur le flanc d'une colline dominée par l'église, et se relie à la ville basse par des escaliers et des rampes longeant de hautes murailles de pierre. Dans les rues bâties de plain pied avec la plage s'ouvrent de nombreux magasins de luxe, des hôtels, de grands bazars où l'on vend les bibelots traditionnels : *souvenirs*, sculptures de nacre, d'ivoire, de bois, etc. Les quais sont vastes et d'élégantes villas bâties parallèlement à la côte, jouissent entièrement de la vue de la mer et des falaises. De hautes murailles crayeuses, couronnées de verdure, s'élèvent en effet à droite et à gauche de l'échancrure formée par la Bresle, et se profilent vers le sud en une ligne non interrompue jusqu'au cap de la Hève.

L'*église Saint-Jacques* date du XVIᵉ siècle, et on la range au nombre des monuments historiques; les parties les plus remarquables sont le portique et

Pour Eu, les omnibus attendent les voyageurs sur le port, le parcours est de 25 minutes et coûte 0 fr. 30.
Des voitures font le service pour Dieppe et le Bourg-d'Ault.

Les loueurs tiennent à la disposition des voyageurs des voitures, chevaux et ânes, et les offrent même sur le port tout prêts à partir.
C'est au port aussi que l'on trouve les patrons des

les pendentifs de la voûte; on peut citer aussi l'*hôtel de ville* (1563) et un beau calvaire de grès (1618) qui se trouve sur l'une des places publiques.

Port et plage.

Le port du Tréport se compose d'un chenal de 258 mètres de long, compris entre deux jetées dont l'une, celle de l'ouest, supporte un phare; d'un avant-port de 4 hectares et demi, d'une écluse et d'un canal qui aboutit à la gare d'Eu, véritable gare maritime. L'entrée du chenal est rendue très difficile par l'accumulation du sable et des galets, et les chasses du bassin de retenue sont insuffisantes; aussi le Tréport a-t-il perdu beaucoup de son importance au point de vue commercial; le mouvement y est de 12,000 tonnes, dont 10,000 pour l'importation et 2,000 pour l'exportation. La pêche, au contraire, s'étend de jour en jour et devient la principale ressource des habitants, avec les gains de la saison d'été, car, comme station balnéaire, le Tréport est un des endroits les plus fréquentés.

barques pour les promenades en mer. Prix à débattre.

HÔTELS. — Hôtels de la *Plage*, de *France*, d'*Angleterre*, de l'*Europe*, de *Calais*, du *Commerce*.

Nombreux appartements et maisons meublés.

BAINS. — L'établissement de bains de mer et le Casino ne font qu'un. L'abonnement au Casino est 19 fr. par mois et 38 fr. pour la saison. — Il existe en ville un établissement de bains chauds et d'hydrothérapie et un grand établissement d'hydrothérapie médicale.

La plage, bordée d'un énorme amas de galets, s'étend ensuite en sable fin le long de la côte et des jetées; l'établissement de bains en occupe une grande partie, avec un casino très confortable, des cabines soigneusement organisées, un gymnase, des jeux, etc. Chaque année, une foule de Parisiens, d'Anglais et de baigneurs des pays environnants choisissent comme lieu de villégiature cette plage élégante et mondaine.

Promenades et excursions.

Du Tréport, on peut faire de jolies excursions à la ville d'Eu, sur la rive gauche de la Bresle, dans les villages environnants, *Flocques*, *Mont-Huon*, *Etalondes*, et, le long de la côte, aux ports du *Bourg-d'Ault*, de *Mers* et de *Criel*.

La ville d'*Eu*, comme on dit dans le pays, a près de 5,000 habitants. Les Romains l'occupèrent anciennement, comme semblent le prouver les résultats de fouilles pratiquées dans les environs, et son nom qui paraît être une corruption d'Augusta. Elle forma un comté, possédé successivement par les princes normands, les maisons de Lusignan, de Brienne, d'Artois, de Nevers, de Clèves et de Lorraine; Mlle de Montpensier acheta le château puis l'abandonna au duc du Maine; le duc de Penthièvre en hérita par la suite, et il devint en dernier lieu propriété de la famille d'Orléans. Louis-Philippe l'habita souvent; le château, confisqué par Napoléon III, fut rendu par l'Assemblée nationale au comte de Paris. C'est une grande construction du XVIIe siècle, bâtie sur l'emplacement d'une antique forteresse et entourée d'un beau parc dessiné par Le Nôtre.

L'*église Saint-Laurent*, construite de 1186 à 1230, remaniée jusqu'à nos jours, est très remarquable surtout à l'extérieur, du côté de l'abside ; où l'on admire des arceaux, des contreforts et des clochetons d'une grande délicatesse. Ce monument est d'ailleurs classé parmi les plus beaux de la Normandie. La *chapelle du collège* (xviie siècle) renferme les tombeaux d'Henri de Guise et de sa femme Catherine de Clèves.

La ville d'Eu est entourée d'une belle forêt, qui forme avec le parc du château le principal attrait de la ville. Une petite chapelle située au sommet de la falaise du nord, lieu de pèlerinage assez suivi, offre un beau point de vue sur la ville et la mer.

Stations annexes du Tréport

AULT (OU LE BOURG D'AULT)

Chef-lieu de canton du département de la Somme (1,500 habitants), situé au fond de la première

De Paris au Tréport ou à Eu en chemin de fer, voiture deux fois par jour, de ces stations à Eu (2 fr.). Voitures de louage. Hôtel *Saint-Pierre*, de *France*.	Maisons et appartements meublés dans le village. Les prix sont peu élevés. Établissement de bains de mer froids et chauds, petit casino.

échancrure qui s'ouvre entre les falaises de Normandie; un tronçon de muraille crétacée, long d'un kilomètre à peine, s'étend entre Onival et Ault, puis la falaise recommence brusquement dans la direction du Tréport.

Le Bourg-d'Ault ne renferme pas d'autre curiosité que son église (XVI° siècle) dont la tour carrée a un certain caractère; il est habité par une population de pêcheurs et de serruriers. La plage, assez peu étendue à marée haute et souvent encombrée de galets, présente à marée basse un beau banc de sable où se montrent des rochers couverts d'algues vertes. L'établissement de bains n'est pas très important; mais la tranquillité du pays et l'absence totale de luxe en font un séjour très agréable pour les familles qui aiment le calme et le bien-être moral.

Les marées sont souvent fortes au Bourg-d'Ault, ce qui rend indispensable l'assistance du baigneur; la mer, en fouettant le pied des falaises en compromet la solidité, et un certain nombre de maisons bâties le long de la côte ont dû être abondonnées, à cause des écroulements qui se produisent quelquefois.

Les plaines environnant Ault manquent un peu de pittoresque ; mais l'aspect de la mer est assez grandiose, et l'horizon est agréablement coupé, du côté de la terre, par de petits bouquets de bois entourant les villages de *Woignarue*, de *Friancourt* et de *la Motte*.

MERS

(488 habitants) est en quelque sorte un faubourg du Tréport, remarquable par la beauté de sa plage et les villas élégantes qui s'y bâtissent en nombre toujours plus grand; on y visite une jolie église de style ogival.

CRIEL

Bourg de 1,100 habitants, situé au sud du Tréport, à 2 kilomètres de l'embouchure de l'Yères, au pied du *mont Criel* ou *mont Jolibois;* la mer, en rongeant la base de cette falaise, haute de 104 mètres, a causé de nombreux éboulements qui forment sur la plage un amas de roches pittoresques.

De Paris au Tréport où l'on prend la voiture pour Mers.
Hôtels. — Du *Casino*, de la *Plage*, de l'*Europe*.
Villas, maisons meublées, appartements. Prix un peu moins élevés qu'au Tréport.
Établissement de bains de mer chauds et froids; casino; piano d'études.

De Paris au Tréport ou à Dieppe, voiture de ces stations à Criel (8 kilomètres du Tréport, 22 kilomètres de Dieppe).
Deux hôtels dans le bourg, un sur la plage.
Établissement de bains de mer.

DIEPPE

Dieppe, chef-lieu d'arrondissement du département de la Seine-Inférieure, ville de 25,000 habitants, à l'embouchure de la rivière d'Arques, sur la Manche, est la station balnéaire la plus fréquentée et la plus rapprochée de Paris.

Historique.

Dieppe, fondée, dit-on, par Charlemagne, doit son nom au mot normand *Diep* qui signifie *profond*. Prise par Philippe-Auguste en 1196, réunie à la couronne un siècle plus tard, cette ville favorisée par Charles V, prit une grande importance pendant la seconde moitié du XIV° siècle; en 1364, des navigateurs dieppois fondèrent sur la côte de Guinée un comptoir qui prit le nom de *Petit Dieppe;* le navigateur Jean Cousin découvrit avant Colomb l'em-

PARCOURS. — De Paris, gare Saint-Lazare, 168 kil. — Prix: 1re cl., 18 fr. 80; 2e cl., 12 fr. 70; 3e cl., 8 fr. 30.
MOYENS DE TRANSPORT. — Omnibus et voitures de place à la gare. On se procure, en ville, chez les loueurs, des voitures de remise, des breacks de 6 à 8 places, des chevaux, etc.
Tous les environs fort jolis et

Vue de la plage de Dieppe.

bouchure du fleuve des Amazones, et l'armateur Jean Ango, surnommé le *Roi Ango*, équipa à lui seul, au commencement du xvi° siècle une flotte digne d'un monarque. Mais déjà la guerre de Cent Ans avait porté atteinte à la prospérité de Dieppe ; enlevée par les Anglais, puis reprise par Louis XI, alors Dauphin, en 1422, elle commençait à se relever quand s'ouvrit la funeste période des guerres de religion. Après les luttes entre catholiques et protestants vinrent la peste de 1668, puis le bombardement de la ville par l'amiral Barklay (1694) qui ne laissa debout que le vieux château et deux églises. Louis XIV entreprit de reconstruire la ville; mais désormais Dieppe ne devait plus être qu'un port de commerce quoique Napoléon, en 1803, eût rêvé d'en faire un arsenal maritime. Une dernière fois, en 1870, Dieppe se vit au pouvoir des ennemis de la France, qui la forcèrent à payer une rançon d'un million.

Parmi les hommes célèbres qui naquirent à Dieppe, on doit citer Duquesne, le médecin Pecquet, les navigateurs Cousin et Ango, Salomon de Caus, et le capitaine de Clieu qui acclimata le café dans la Martinique.

intéressants à visiter: Arques, Puys, Ancourt, Belengreville, Criel, Envermeu, le Tréport, Eu, Tocqueville, Saint-Valéry-en-Caux et Veules, sont desservis soit par chemin de fer, soit par des voitures publiques.

Les départs pour l'Angleterre, de Dieppe à Newhaven avec correspondance pour Londres, ont lieu tous les jours et deux fois par jour pendant la saison. — Trois fois par semaine, des bateaux à vapeur se dirigent sur di-

Aspect et Monuments.

Dieppe est dénuée de toute prétention artistique; les maisons, ne remontant guère au delà de 1694, époque où la ville fut rebâtie après le bombardement de la flotte anglo-hollandaise, ne présentent aucun caractère pittoresque. A droite et à gauche du petit estuaire formé par la rivière de l'Arques, s'élèvent des falaises dont l'une, celle de *Caude-Côte*, située au nord-est, a jusqu'à 91 mètres de haut. La ville s'étend sur la rive gauche du port; plus bas, vers le sud-ouest, s'étage le faubourg de la Barre; en face, se trouve le faubourg du *Pollet*, habité presque exclusivement par une forte race de pêcheurs, pauvres, robustes et sauvages, qu'on dit être d'origine vénitienne; cette partie du pays dieppois est empreinte d'une couleur locale particulière; l'aspect des rues, des demeures, de la population contraste d'une façon saisissante avec les villas, les hôtels et la foule des touristes qui circule de l'autre côté du pont tournant.

De tous les monuments de Dieppe, trois seulement ont résisté, en 1694, aux boulets anglais et hollan-

vers points de l'Angleterre.
De nombreuses barques attendent les voyageurs pour les promener soit en mer, soit en rivière. Prix à forfait avec les patrons.

HÔTELS. — Les maisons les plus importantes et qui offrent le plus de confortable, mais dont les prix sont les plus élevés, sont: Grand hôtel des *Bains*, de la *Plage*, *Royal*, de

dais; ce sont : le *Château*, l'*église Saint-Jacques* et l'*église Saint-Remi*.

Le château, monument historique du xve siècle, s'élève sur la falaise de l'ouest et dresse au-dessus de la ville une masse importante de murailles et de tours; l'administration de la guerre en a fait une caserne. Près de là, s'ouvre un souterrain du xvie siècle, véritable tunnel destiné à amener dans la ville les eaux de la Scie qui coule à 4 kilomètres de Dieppe.

L'église Saint-Jacques, commencée au xiie siècle achevée au xvie, est un beau monument de style ogival, qui renferme la sépulture du grand Ango.

Saint-Remi, moins intéressante au point de vue artistique, a été restaurée au xviiie siècle et possède de belles orgues.

Sauf le temple protestant qui date de 1736, les autres monuments de Dieppe : église anglicane, musée, théâtre, hôtel de ville, sont de construction moderne. Au milieu de la ville se dresse une statue de Duquesne, œuvre de Dantan aîné.

Port et Plage

Le port de Dieppe est la tête de ligne du service de Newhaven, ce qui lui donne une importance

Bristol, de *Dieppe*, du *Rhin* et de *Newhaven*, des Étrangers. — Parmi les maisons de moindre importance, nous citerons : Grand hôtel de *Londres*, de l'*Univers* et de *Rouen*, du *Nord* et *Victoria*, de la *Paix*, de *Paris*, du *Commerce*, du *Soleil d'Or*, etc. De nombreux appartements et maisons meublés de toutes grandeurs et de tous prix, s'offrent

considérable, surtout au point de vue des transports de marchandises ; le service de l'Angleterre par les bateaux de Dieppe tend de plus à augmenter depuis quelques années et en 1891 le nombre des voyageurs transportés par cette voie s'est élevé au chiffre de 104,580. Dieppe est le seul point de la côte où les navires puissent se réfugier entre le Havre et Boulogne. L'entrée est indiquée par la série des phares échelonnés sur la côte, il ne possède pas de rade, car on ne peut vraiment donner ce nom à l'angle rentrant dans lequel les navires sont obligés d'attendre la marée sans être à l'abri des vents du large, au milieu d'une houle souvent dangereuse. Ce n'est qu'à plus d'un kilomètre que l'on trouve à basse mer des fonds de 6 à 8 mètres. Ces conditions font au port de Dieppe une situation désavantageuse.

Le chenal contourne à droite les terrains où sont installés les bains et pénètre dans un avant-port assez vaste (6 hectares) où s'ouvre l'écluse du bassin Duquesne. Les quais de l'avant-port donnent d'un côté sur le Pollet, quartier commerçant de la ville, et de l'autre sur la Poissonnerie, ils offrent un développement de près de 800 mètres. Le bassin Duquesne est le point de stationnement des steamers de Newhaven, il communique par une écluse aux personnes qui veulent faire un séjour plus ou moins long.

BAINS. — L'*Etablissement des bains* et le *Casino* ne font qu'un. L'entrée pour la journée est de 3 fr. par personne et 60 fr. pour la saison ; pour une famille de 5 personnes, 220 fr. pour la saison. Cet abonnement permet d'entrer dans tous les jardins, salons et salles

avec le bassin Bérigny réservé aux bateaux marchands. En arrière des bassins à flots est placé le bassin de retenue des eaux de l'Arques, d'une contenance de 36 hectares. La quantité d'eau, ainsi emmagasiné pendant la marée montante, peut être évaluée à 1 million de mètres cubes qui sont déversés dans le chenal et l'avant-port lorsque la mer est basse. Son débit est de 10,000 mètres cubes par minute. Ce courant n'est pas assez fort pour balayer tout le chenal du sable entraîné par le flot et c'est à grand'peine que l'on parvient à conserver la profondeur de 7 à 8 mètres. De plus, un cordon de galets très mobile rend l'entrée des passes dangereuses pour la navigation.

Malgré ces difficultés, la position de Dieppe maintient dans cette ville un mouvement considérable ; en 1880, les entrées et sorties portaient sur plus de 3,000 navires et depuis ce nombre n'a pas baissé. Le trafic représente une importation de 360,000 tonnes contre seulement 75,000 d'exportation.

Dieppe équipe un grand nombre de bateaux de grande pêche, pour Terre-Neuve et l'Islande, et de petite pêche côtière. Les principaux articles d'exportation sont les céréales, les articles de Paris, les dentelles, les ouvrages d'ivoirerie qui constituent l'une des principales industries du pays; d'Angle-

de jeux, d'assister aux fêtes, concerts, théâtre, sauf aux représentations extraordinaires.
Un *Cercle* existe dans le Casino, mais l'entrée n'est pas comprise dans l'abonnement. Les familles les plus riches et les plus distinguées, les artistes les plus célèbres, les écrivains les plus illustres,

terre et du nord de l'Europe arrivent la houille, les fontes, les bois et les matières premières.

La plage de Dieppe, très élégante, est située à l'ouest de la ville, le long de la *rue Aguado*. C'est une plage de galets, protégée contre les fortes mers par huit *épis* de 85 mètres de long ; on y découvre une belle vue sur le large, et on s'y promène dans des allées ornées de pelouses et de massifs d'arbustes. Le casino, bâtisse importante, contient une salle de bal, des salons de lecture, une bibliothèque et des salles de billard. Les bains de Dieppe, mis en vogue par la duchesse de Berry, conservent leur vieille réputation, et chaque année on y voit affluer une foule de baigneurs.

Promenades et excursions.

Les environs de Dieppe abondent en excursions pittoresques ; sans parler des falaises, du sommet desquelles l'œil embrasse un magnifique panorama, on doit visiter le château d'Arques, vieille forteresse du XIe siècle, située à 8 kilomètres de Dieppe, près d'une belle forêt ; c'est là qu'Henri IV remporta, en 1589, une grande victoire sur Mayenne et les ligueurs ; on

ont fait de Dieppe leur séjour d'été.
Le service des bains est très confortablement installé (1 bain, 0 fr. 50 ; 12 bains, 5 fr. ; 25 bains, 10 fr.) ; on trouve un service hydrothérapique complet, massages, etc.
Des bains chauds d'eau de mer et d'eau douce sont installés place de la Comédie.

peut se rendre aussi dans les petits ports secondaires semés le long de la côte, de Dieppe au Tréport et de Dieppe à Saint-Valery-en-Caux ; ce sont : au nord, *Puys* et *Berneval*, au sud, *Pourville*, *Varengeville* et *Sainte-Marguerite*.

Stations secondaires de Dieppe

PUYS

Qu'on pourrait appeler l'annexe littéraire et artistique de Dieppe, est situé à 2 kilomètres du nord de cette ville ; c'est une plage essentiellement parisienne, peu ombragée, car les vents du nord et de l'ouest y arrêtent totalement la croissance des arbres, mais habitée par des baigneurs tels que lord Salisbury, MM. Turquet Alexandre Dumas, Carvalho. Le pays, admirablement cultivé, la plage, bordée d'hôtels, contribuent à faire de Puys une station agréable et fréquentée. Une tentative a été faite pour y établir un grand hôtel avec casino, mais le succès n'a pas jusqu'ici répondu à l'espérance des entrepreneurs et Puys reste une plage élégante mais calme.

Dans les environs se trouve la *cité de Limes ou d'Olyme*, c'est une vaste enceinte de près de soixante hectars ; les curieux débris antiques qu'on y remarque : fossés, monticules gazonnés, tombeaux en grand nombre, semblent indiquer la place d'un oppidum ou d'un camp romain; les archéologues ne sont pas complètement d'accord sur ce point.

BERNEVAL

La petite plage de Berneval, placée au-dessus de *Puys-les-Dieppe*, commence à prendre une certaine extension, justifiée, d'ailleurs, par l'emplacement de cette jolie station, perchée à mi-falaise de manière à dominer la mer et à être abritée des vents froids du nord et du nord-est.

Un des grands avantages de Berneval est sa plage de sable fin, située au delà d'un cordon littoral de galets facile à dépasser. On sait, en effet, que presque toutes les stations de la haute Normandie sont des plages à galets. Ici les cailloux se trouvent seulement au niveau des hautes mers, et à marée basse on jouit pour la promenade d'un large espace de sable, ce qui est d'un prix inestimable pour les enfants.

Les environs de Berneval sont très boisés et très frais, la vie y est facile et peu coûteuse; c'est un endroit à recommander aux familles qui désirent trouver à la mer une vie calme et reposante.

POURVILLE

Hameau à 4 kilomètres au sud de Dieppe, port autrefois important, n'est qu'une plage en miniature, peuplée de cabanes de pêcheurs, et nichée au milieu des bruyères dans la vallée de la Scie; on y remarque les débris d'une église et une croix de pierre (XVIe siècle).

VARENGEVILLE

La patrie de l'armateur Ango, dont on montre encore le manoir transformé en ferme, possède une église ancienne bâtie au bord de la falaise; ce village est situé à 83 mètres d'altitude au milieu d'un pays accidenté, où coulent plusieurs sources ferrugineuses. Près de là, on visite le phare d'Ailly, feu tournant de première classe, qui date de 1775 et s'élève à plus de 100 mètres au sommet du *cap des Roches*, dont les écroulements constants menacent de le précipiter dans la mer.

SAINTE-MARGUERITE

Petit village dont l'église (XIe et XVIe siécle) est une des curiosités de la côte; dans le vallon de Saâne, qui avoisine cette plage, on a découvert une belle villa romaine, ornée d'une superbe mosaïque dont la commission des monuments historiques a réclamé la conservation, et un cimetière gallo-romain.

SAINT-VALERY-EN-CAUX

Chef-lieu de canton de la Seine-Inférieure, ville de 4,000 habitants, située entre Dieppe et Fécamp, dans une vallée étroite où ne se trouve aucun cours d'eau.

Historique.

Fondée par saint Valery, cette ville fut prise plusieurs fois par les Anglais pendant la guerre de Cent Ans, et par Charles le Téméraire en 1472; Louis XI la reconquit définitivement. Les guerres de religion la ruinèrent tout à fait, et c'est seulement sous Louis XIV qu'elle recommença à prendre une certaine activité, compromise de nouveau pendant la Révolution et l'Empire; en 1804, les Anglais la bombardèrent. Cependant le port, agrandi sous Louis-Philippe, est aujourd'hui un abri sûr et un centre de pêcheries important.

PARCOURS. — De Paris, gare Saint-Lazare, 202 kil. — Trajet par Motteville. — Prix : 1re cl., 22 fr. 60 ; 2e cl., 15 fr. 25 ; 3e cl., 9 fr. 95.
MOYENS DE TRANSPORT. —

Omnibus à la gare pour Saint-Valery et Veulettes. On trouve dans les hôtels des voitures et des chevaux pour promenades. Yvetot, Dieppe par Veules, Manneville, sont desservis

Aspect et monuments.

Saint-Valery, encaissée entre deux massifs de falaises, l'un au nord, l'autre au sud, se divise en deux parties : la *ville* et le *port*; les rues sont larges et propres, et des promenades plantées d'arbres s'alignent le long du bassin de Retenue.

L'église de Saint-Valery (XVIe siècle), restaurée de nos jours, est située au sommet d'une colline verdoyante: plus près de la mer se trouve la *chapelle de Notre-Dame-de-Bon-Port*; ce sont là les seuls monuments à signaler.

Port et plage.

Le port de Saint-Valery comprend : un chenal protégé par deux phares, un port d'échouage de 14,000 mètres carrés de superficie, et une vaste *retenue des chasses* qui sert en même temps de bassin; malgré les galets et la vase qui tendent à en obstruer l'entrée, il reçoit chaque année un assez grand nombre de bateaux marchands et en-

par des voitures publiques.
On se procure facilement des barques pour promenades en mer ; prix à forfait.

HÔTELS. — Les principaux hôtels sont ceux: de la *Plage* et du *Casino*, de la *Paix* et du *Grand-Cerf*, de *Paris*, de *France*, etc. Des chalets, maisons et ap-

voie une vingtaine de navires de grande pêche dans les eaux d'Islande, de Terre-Neuve, et dans les mers scandinaves. Le trafic du port est évalué à 10,000 tonnes par an.

Saint-Valery possède une plage très fréquentée, un grand casino aménagé très confortablement; les baigneurs y jouissent d'une grande tranquillité, car la vie y est simple et facile.

Promenades et excursions.

Les environs de Saint-Valery sont intéressants ; à moins d'un quart d'heure de la ville se trouvent le hameau et la *chapelle Saint-Léger* (XVIIe siècle), à peu près en ruines, mais offrant un joli but de promenade; un peu plus loin, on a le *bois d'Etennemare*; ou encore, à 4 kilomètres sur la route de Dieppe, *Manneville-ès-Plains*, où l'on admire un petit château du XVIe siècle. Le village et le *calvaire d'Ingouville*, d'où l'on embrasse une perspective très étendue, sont situés vers la route du Havre.

Comme excursions plus importantes, on peut se rendre aux stations balnéaires secondaires de la côte : au nord, *Quiberville*, *Sotteville*, *Veules*, au sud, *Veulettes*.

partements meublés se louent au mois ou à la saison.

BAINS. — Établissement sur la plage (bain 0 fr. 40). Bains chauds d'eau douce et d'eau de mer.

CASINO. — Ouvert du mois de juin à la mi-octobre. Entrée pour une personne, 0 fr. 50; abonnement pour la saison, 25 fr. Pour une famille de 4 personnes, 60 fr. pour la saison.

Stations annexes de Saint-Valery-en-Caux

QUIBERVILLE

Petite plage dont l'église renferme un baptistère du XIII° siècle.

SOTTEVILLE

L'un des premiers villages de France où apparut la religion réformée.

VEULES

Ce petit port d'échouage, est situé sur un ruisseau d'un kilomètre de long qui se jette directement à la mer et dont les bords sont semés de cressonnières renommées ; c'est un joli village de 1,200 habitants, occupant dit-on, la place d'un port de commerce plus important, dévasté par une tempête en

De Paris à Saint-Valery-en-Caux ; voiture (8 kilom.) jusqu'à Veules (1 fr.). Hôtels de *Rouen* et de la *Place*, dans le village ; hôtel du *Casino*, sur la plage. — Villas à louer. Établissement de bains de mer et casino.

1753; la plage est sablonneuse, moins encombrée de galets que les autres parties du littoral; on y pêche le crabe dans les mares, et l'équille dans le sable à marée basse.

Les environs de Veules sont verdoyants et fleuris; l'église Saint-Martin (XIIe, XVIe siècle) renferme de curieuses colonnettes sculptées, et dans le cimetière se trouve une très belle croix en pierre du XVIIe siècle; une autre église, *Saint-Nicolas*, n'a plus que des ruines à offrir à la curiosité des touristes; enfin, sur l'emplacement d'une vieille maladrerie du XIIe siècle, s'élève la chapelle du *Val*.

Les villages situés autour de Veules, *Blosseville*, *Silleron*, *Ictou*, possèdent aussi de jolies églises, d'anciens châteaux et sont intéressants à visiter.

VEULETTES

Au sud de Saint-Valery, à l'embouchure de la Durdent, dans une vallée pittoresque dominée par deux falaises dénudées d'un aspect assez sombre, se trouve *Veulettes*, sur les lieux où s'élevait jadis le *port de Claquedent*, mentionné dans les chroniques du moyen âge; la falaise de l'ouest, minée par la mer, surplombe assez fortement. La plage, couverte en partie de sable, en partie de galets, est très fréquentée pendant l'été, grâce à son casino et au

De Paris à Cany (197 kil.). — Prix : 1re cl., 22 fr. 05; 2e cl., 14 fr. 90; 3e cl., 9 fr 70; voiture (1 fr.) jusqu'à Veulettes (10 kilom.).	Hôtels de la *Plage* et des *Bains*. Villas à louer. Établissement de bains et casino.

voisinage de roches revêtues de varech, que l'on va explorer quand la mer est basse.

L'église de Veulettes, copie de l'église de Saint-Ouen de Rouen, commencée au XII° siècle, terminée au XVI° siècle, est classée parmi les monuments historiques. Des courses ont lieu chaque année dans l'*hippodrome* des plaines de la Durdent.

Aux environs, on visite la *Grotte de Susselles*, la *Butte au Catelier* ou *tombeau de Gargantua*, emplacement d'un antique oppidum ; les hameaux du *Mesnil*, du *Haume*, le village de *Saint-Martin-aux-Buneaux*, dont l'église, en partie romane, en partie ogivale, en partie gothique, offre des détails curieux ; l'escalier naturel du *Val*, descendant de Saint-Martin à la mer, les villages de *Conteville* et du *Tot*, qui ramènent à Saint-Valery.

FÉCAMP

Chef-lieu de canton de l'arrondissement du Havre ; 12,000 habitants, port de commerce et de pêche.

PARCOURS. — De Paris, gare Saint-Lazare, 222 kilom. — Trajet par Beuzeville. — Prix : 1re cl., 24 fr. 85 ; 2° cl., 16 fr. 80 ; 3° cl., 10 fr. 95.

MOYENS DE TRANSPORT. — On trouve à chaque train des omnibus qui conduisent en ville et des voitures pour les hôtels. Pour les excursions, des

La petite ville de Fécamp est située au fond d'une faille où les rivières de Valmont et de Ganzeville forment leur embouchure. Le coteau est abrupt et escarpé, et terminé sur la mer par le cap Faguet, haute falaise de craie blanche qui sert d'*amer* aux navires. La rive ouest, de pente plus douce, est formée par des affaissements de terrains inférieurs qui ont été soulevés, grâce à l'écartement produit par la faille dont nous venons d'indiquer l'existence. Ces terrains conduisent aux bancs crétacés qui reprennent à un ou deux kilomètres et constituent les masses rocheuses d'Yport et d'Étretat.

Historique.

La fondation de Fécamp date seulement du VIIe siècle et a pour début une abbaye fondée en 664 par saint Waninge. Quelques maisons de terrassiers se groupèrent autour du monastère et la ville se trouva ainsi constituée. Détruite en 881, elle fut restaurée par les bénédictins en 988 et dès lors la renommée de ce couvent, où l'on gardait le *pré-*

loueurs ont à la disposition des voyageurs chevaux et voitures.
Certains points sont desservis par des voitures publiques, entre autres : Yport, Saint-Valery-en-Caux, Étretat, les Petites-Dalles, etc.

Dans le port, on peut s'adresser à des patrons de barque pour les promenades en mer, et, pendant l'été, un bateau à vapeur emmène les voyageurs un peu au loin.
Hôtels. — Les principaux hôtels sont ceux : de la

cieux sang de Jésus (relique apportée, suivant la légende, dans le tronc d'un figuier qui serait venu échouer sur le rivage !) assura la prospérité de la ville.

Le port de Fécamp était célèbre au siècle dernier par la valeur de ses marins. Les anciens souvenirs abondent dans la ville et dans les environs.

On ne trouve guère, en fait de monument historique, que l'église qui date du xive siècle et renferme un certain nombre de détails remarquables.

Port et plage.

Quoique petit, le port de Fécamp est fort bien aménagé et les avantages naturels de la position ont été utilisés d'une manière profitable. Le chenal, qui est bordé de deux belles jetées, donne accès dans un avant-port d'échouage et dans un petit bassin de flot où viennent se décharger les nombreux bateaux qui apportent à Fécamp les houille d'Angleterre et les bois du Nord.

Plage, du *Casino*, des *Bains d'Angleterre*, du *Chariot d'Or* et de la *Place*, *Grand Hôtel*, *Cachy*, *Fleury*, de la *Gare*, etc.

BAINS. — L'établissement des bains est fort bien organisé ; on y trouve tout le confortable désirable ; prix du bain, 0 fr. 80 ; 8 fr. 40 l'abonnement de douze.

En raison de la disposition de la plage, il pourrait y avoir un certain danger à se baigner à toute heure ; des signaux particuliers indiquent donc l'heure des bains.

L'industrie du pays est considérable et on y rencontre un grand nombre de fabriques de toile et de calicot, des raffineries de sucre, etc. Le port possède des chantiers de construction et arme beaucoup pour la grande pêche, on n'y compte pas moins de mille marins adonnés à ce genre d'existence.

La plage de Fécamp est triste, chargée de galets et la mer y est dure, aussi la réglementation des bains est-elle sévère. Deux établissements de bains et un petit casino reçoivent, au moment de la saison, un grand nombre de baigneurs ; mais ceux-ci ont tendance à préférer les charmantes stations des environs, où l'on se trouve plus à la campagne que dans cette ville manufacturière.

Promenades et excursions.

La promenade la plus intéressante est celle que l'on fait au cap Faguet, qui domine la ville. On y jouit d'un superbe coup d'œil et l'on y peut visiter le phare et la chapelle *Notre-Dame-du-Salut*, chère aux marins. La

On peut aussi se procurer à l'établissement des bains chauds, douches, etc.

CASINO. — Cet établissement ne fait qu'un avec celui des bains. Le prix de l'abonnement est de 30 fr. par mois, et 40 fr. pour la saison pour une personne. Pour une famille de 5 personnes, 80 fr. par mois, ou 100 fr. pour la saison. L'abonnement donne droit d'entrée dans toutes les salles de jeux, de lecture, etc., les salons de conversation, de bals, le théâtre, sauf pour les représentations extraordinaires.

base du cap est creusée de grottes et surchargée de roches qui, pour être moins belles que celles d'Étretat, n'en sont pas moins curieuses à visiter.

Citons encore les restes du château de *Guillaume Longue Épée*, enlevé au temps de la Ligue par le chevalier Bois-Rosé, à la suite d'un coup de main hardi : débarqué au pied de la falaise avec une petite troupe d'aventuriers, Bois-Rosé escalada le roc avec sa troupe à l'aide d'une simple échelle de corde. C'était une ascension de près de 100 mètres ! La légende de ce haut fait s'est conservée jusqu'à nos jours, mais le château est complètement détruit et c'est à peine s'il en reste des vestiges.

La vallée de la rivière de Valmont et celle de Ganzeville sont, comme toutes les vallées de Normandie, verdoyantes et pittoresques, aussi les promenades ne manquent-elles pas. Comme excursions signalons les plages voisines.

PETITES-DALLES, GRANDES-DALLES, SAINT-PIERRE-EN-PORT. — Au nord de Fécamp, et à peu près à égale distance de Saint-Valery (18 kilomètres), se trouve la station des *Petites-Dalles*, dont la jolie plage attire un assez grand nombre de baigneurs. La mer y est assez calme, grâce à l'abri des roches qui s'avancent assez avant dans la mer. Les environs sont très verts et

Paris à Cany (197 kil.). — Prix : 1re cl., 22 fr. 05 ; 2e cl., 14 fr. 90 ; 3e cl., 9 fr. 70 ; voitures (1 fr. 25) jusqu'aux Petites-Dalles (12 kil.) ; trois hôtels. Bains de mer et casino. Voitures de louage.

offrent un grand nombre de promenades charmantes.

Plus bas, à deux kilomètres, se trouvent les *Grandes-Dalles*, où la plage est moins jolie et les installations moins confortables.

Plus bas encore, et à douze kilomètres de Fécamp, un petit village, Saint-Pierre-en-Port, commence à prendre une certaine extension.

Toutes ces stations sont calmes et tranquilles et sont surtout habitées, pendant la saison des bains, par des familles; la vie y est relativement bon marché.

YPORT. — Cette petite ville, bâtie autour d'un port de pêche de peu d'importance, est située au sud de Fécamp, entre cette ville et Étretat. Yport reçoit beaucoup de baigneurs; on y a construit un petit casino, de jolies villas parsèment la vallée et l'on y jouit d'un séjour moins monotone qu'à Fécamp, sans que la vie y soit aussi mondaine qu'à Étretat.

Les promenades que l'on peut faire à proximité du pays sont toutes très ombragées et très pittoresques; les excursions le long des falaises et sur les sommets sont agréables et fécondes en imprévu.

Citons, parmi les promenades les plus intéressantes, les sources de Grainvol, la visite du *Fonds de Vaucotte*, et celle des grandes fosses connues sous le nom de *Fissières*, anciennes exploitations de minerai de fer, d'après la tradition.

Paris à Fécamp où l'on trouve des voitures (1 fr.) pendant la saison.	Hôtel des *Bains* avec salle de bal et café. Voitures de louage. Villas à louer.

ÉTRETAT

Étretat est la plus jolie station des côtes normandes ; on y accède par une côte rapide qui descend les voyageurs au fond d'une vallée étroite, coquettement plantée d'arbres et arrosée par une petite rivière qui vient se perdre dans les sables qui obstruent son estuaire, en arrière des cordons de galets qui défendent la ville.

Étretat est une ville toute moderne et reçoit un nombre considérable de voyageurs ; la population normande fixe y est d'environ 4,000 habitants pendant l'hiver, mais ce chiffre monte à 11 ou 12,000 au moment de la pleine saison des bains. Des châteaux, des villas, sont accrochés au penchant des coteaux abrupts qui limitent la vallée ou disséminés dans celle-ci.

La plage présente l'aspect d'une cuvette en demi-cercle formée par un cordon littoral de galets extrêmement élevé qui descend en pente raide vers la mer. La largeur totale entre les pointes qui limi-

PARCOURS. — Par Fécamp ou par la station immédiatement avant : les Ifs. On trouve à chaque train des voitures qui mènent de ces deux localités à Étretat. Pendant la saison, le service est organisé principalement par les Ifs.

MOYENS DE TRANSPORT. — On trouve des chevaux et des voitures pour promenade, chez des loueurs. Les Ifs, Fécamp, le Havre,

Plage d'Etretat.

tent la syrte est de 1,200 mètres ; les marées ne découvrent pas à plus de 150 mètres au moment de la vive eau, de sorte que la partie sablonneuse du rivage est très petite et ne reste libre que pendant quelques heures. Lorsque la mer est pleine, elle atteint toujours une assez grande hauteur au milieu de la masse des galets qui constituent, la plus grande longueur de la plage, de sorte qu'en raison de la pente rapide de ceux-ci, on perd pied très facilement ; aussi ne doit-on pas laisser les enfants sans surveillance au moment des pleines mers.

Comme on le voit, la plage d'Étretat est loin d'être agréable à habiter ; aussi n'est-ce pas elle qui attire le baigneur, mais bien la variété pittoresque des points de vue offerts par les belles falaises des alentours.

Promenades et excursions.

Au nord-est, c'est-à-dire en *amont*, on voit la *porte d'amont* et *l'aiguille*, haute pyramide élancée qui surmonte un banc de récifs ; un tunnel, creusé par les soins de la commune sous la falaise, à travers la masse des roches calcaires, conduit sans fatigue au milieu

sont desservis par des diligences.
HÔTELS. — *Hauville*, *Blanquet* et des *Bains*.
De nombreux appartements et maisons meublés sont

à la disposition des voyageurs. Prix à débattre suivant la saison.
BAINS. — Établissement de bains sur la plage. Prix d'un bain, 0 fr. 90. Par

même du *Chaudron*, l'une des curiosités d'Étretat. On donne ce nom à une anse irrégulière, creusée par la mer aux dépens de la falaise et qui renferme un amoncellement très curieux d'aiguilles et de masses rocheuses calcaires découpées d'une façon bizarre. La mer vient battre avec fureur au milieu de cet amas et au moment des équinoxes les grandes marées vues du Chaudron sont l'un des plus beaux spectacles qu'il soit permis à l'homme de contempler. Les flots viennent s'engouffrer dans les grottes nombreuses de la falaise, des vagues monstrueuses se brisent avec fracas sur les aiguilles, qu'elles couvrent de leur écume.

Du Chaudron on peut monter sur la falaise, haute de 80 mètres, par des escaliers pratiqués dans des fissures de la roche. De là on descend doucement par la pente de la vallée en jouissant du panorama de la ville et de la mer.

Au sud-ouest se trouve la *porte d'Aval*, élégante arcade dont les alentours sont creusés de grottes et de fissures profondes qui forment de vastes cheminées, tel le *Trou à l'Homme*, ainsi nommé d'une sinistre trouvaille faite après un jour de tempête. Le sommet de la falaise est aussi découpé que sa partie inférieure ; on y voit des découpures et des anfractuosités qui simulent les ruines d'un chateau fort. Un petit pont naturel conduit à la *Chambre aux demoiselles*, sorte de nid d'aigle d'où l'on jouit, à l'abri du vent, d'un admirable panorama.

abonnement de douze, 7 fr., et de vingt-cinq, 14 fr. Un baigneur est indispensable sur cette plage, à cause de sa configuration ; c'est ce qui élève le prix des bains.

CASINO. — Un casino fort bien agencé s'ouvre tous les ans pendant la saison. L'entrée est de 1 fr. pour

De la porte d'Aval aux roches qui forment *l'aiguille de Belval*, sur une distance de plus d'un kilomètre, la falaise est creusée et ces cavernes sont très curieuses à visiter à marée basse; mais il faut bien connaître l'heure du flot car des accidents terribles sont à craindre pour les imprudents qui se hasarderaient trop loin à une heure tardive.

Une des plus intéressantes excursions à faire d'Étretat est celle du cap d'Antifer; les bons marcheurs et même les bonnes marcheuses peuvent le faire à pied (2 heures de marche environ), ce qui permet de suivre les falaises d'où l'on jouit d'une vue admirable. Pour que le spectacle soit complet, il est bon d'arriver à marée haute, de manière à jouir du panorama de la pleine mer.

Le cap d'Antifer s'élève à 126 mètres au-dessus des flots, et supporte un phare de première classe, dont les feux se combinent avec ceux du cap de la Hève. Sa base est entourée d'éboulis volumineux, débris de la falaise, qui recule lentement rongée par le flot.

Au delà du cap se trouve la dépression dans laquelle se trouve la petite plage de *Bruneval*, et un peu plus loin celle de *Saint-Jouin*, points très pittoresques, chers aux artistes qui trouvent dans les environs des paysages admirables qui complètent la vue dont on jouit sur la mer.

Les stations de Bruneval et de Saint-Jouin sont des

une journée; 28 fr. pour un mois; 45 fr. pour la saison, pour une personne. Une famille de quatre personnes, 76 fr. pour un mois; 105 fr. pour la saison. Cet abonnement donne droit à l'entrée de toutes les salles de jeux, conversation, bals, concerts, théâtre, sauf pour les représentations extraordinaires.

annexes d'Étretat; la vie y est moins coûteuse et plus tranquille, et le pays tout aussi beau; aussi ces petites plages reçoivent-elles de plus en plus de visiteurs, et surtout un public de goûts tranquilles, auquel le grand train d'Étretat fait peur.

Cependant il faut reconnaître que, tout en étant mondaine, la vie d'Étretat diffère sensiblement de celle qu'on mène à Dieppe et à Trouville; le public n'est plus le même, c'est celui des *premières* de Paris, c'est-à-dire des artistes, des hommes de lettres, des financiers, des savants, des hommes politiques, tandis que, dans les grandes stations que nous venons de citer, on trouve surtout les grandes mondaines, les amateurs de courses et toutes les personnes qui mènent la grande vie et transportent volontiers le Bois de Boulogne et le boulevard partout où ils se rendent, que ce soit au bord de la mer ou dans les villes d'eaux à la mode.

LE HAVRE

Sous-préfecture de la Seine-Inférieure, ville maritime et commerciale de près de 120,000 habitants,

Parcours. — De Paris, gare Saint-Lazare, 228 kilom. — Prix: 1re cl., 25 fr. 55; 2e cl., 17 fr. 25; 3e cl., 11 fr. 25.

Moyens de transport. — On trouve, à chaque arrivée, des omnibus et de nombreuses voitures qui mènent dans la ville et aux hôtels. Les voyageurs qui viennent au Havre pour s'embarquer dans les steamers, sont con-

située à l'embouchure de la Seine, au pied du cap de la Hève.

Historique.

Le Havre tire son nom d'une petite chapelle qui existait autrefois aux environs et que les marins avaient baptisée *le Havre de Grâce* ; pendant quelque temps, la ville reçut l'appellation de *Franciscopolis* ou *la ville Françoise*, en l'honneur de François Ier ; c'est en effet à ce roi qu'elle doit sa prospérité actuelle ; il eut l'idée, en 1517, de remplacer le port de Harfleur, ensablé par les alluvions de la Seine, et de creuser aux navires un abri plus sûr et moins exposé aux envahissements de la vase: il choisit le Havre de Grâce.

Depuis cette date de 1517 jusqu'à nos jours, le Havre alla toujours en s'agrandissant et en augmentant d'importance. En 1545, François Ier y équipa une flotte destinée à une descente dans l'île de Wight. En 1562, les protestants le vendirent aux Anglais ; le connétable de Montmorency le reprit l'année suivante.

duits directement par les trains à la gare maritime et jusque sur le quai du bassin de l'Eure où stationnent les transatlantiques.

Le Havre est sillonné par de nombreuses lignes de tramways qui permettent de traverser la ville en tous sens, et de se rendre aux faubourgs environnants: Ingouville, Granville, Sainte-Adresse.

On trouve des voitures de place en grand nombre; le prix en ville est de 1 fr. 25 la course et 2 fr.

11

Place du théâtre au Havre.

Richelieu s'occupa activement du Havre ; mais c'est sous le ministère de Colbert que Vauban, chargé de diriger les travaux du port, fit réparer les bassins, allonger la jetée et creuser un canal jusqu'à la Lézarde.

En 1694, la ville fut bombardée par les Anglais qui ne purent s'en emparer ; en 1804, nouvelle tentative, aussi peu couronnée de succès que la première ; c'est du reste le dernier assaut qu'eut à subir ce port, l'un de nos plus beaux, de nos plus grands et de nos plus riches ; il a été question, dans ces dernières années, d'en faire le chef-lieu d'un nouveau département qui prendrait le nom de *Seine-Maritime*.

Le Havre a vu naître Mlle de Scudéry, Bernardin de Saint-Pierre, Casimir Delavigne, le naturaliste Lesueur et l'acteur Frédérick Lemaître.

Aspect et Monuments.

Les aspects du Havre sont multiples, soit qu'on le regarde de face, en pleine mer, soit qu'on se pro-

l'heure ; pour la banlieue, 1 fr. 75 la course, 2 fr. 25 l'heure.
Pour se rendre du Havre à Étretat, Fécamp, les Loges, Gonneville et Rolleville, on prend des voitures publiques.
Il y a aussi des voitures et chevaux chez les loueurs.
BATEAUX A VAPEUR. — Des bateaux à vapeur font le service des environs du Havre.
Honfleur : plusieurs départs par jour ; places réservées, 2 fr. ; 1re cl., 1 fr. ; 2e cl., 0 fr. 50.

mène dans ses rues larges, régulières et bien aérées, soit qu'on le contemple du haut de Notre-Dame des Flots; mais, partout et toujours, on aperçoit, en se tournant vers le sud, l'immense forêt de mâts et de cordages émergeant du port et dominant parfois les maisons.

La ville, entourée autrefois d'une muraille fortifiée, finit par se trouver à l'étroit dans sa ceinture de pierre; en 1858, on supprima les fossés, on rasa les vieilles tours, et les petites communes voisines *Ingouville, Graville, Sanvic,* se trouvèrent incorporées à la grande cité. Ingouville, bâti au sommet d'une falaise, domine la ville au nord; le long des quais du port s'étend la ville proprement dite, divisée par des rues se coupant à angle droit, et percée de grandes voies, telles que le boulevard de Strasbourg, le boulevard François Ier, le cours de la République; il s'y trouve une jolie promenade, le *square Saint-Roch*, bois de Boulogne en miniature, avec lac et aquarium, et un jardin public sur la place de l'Hôtel-de-Ville. Toute la vie commerciale, toute l'activité des habitants se trouve d'ailleurs concentrée dans le port, dont la superficie totale embrasse bien un quart de la ville.

Caen : un départ tous les jours ; 1re cl., 6 fr. ; 2e cl. ; 5 fr.

Trouville: deux départs tous les jours ; places réservées 2 fr. ; 1re cl., 1 fr. 25 ; 2e cl., 0 fr. 75.

Rouen : un départ par jour pendant la saison ; 1re cl., 6 fr. 50 ; 2e cl., 5 fr. 50.

D'autres départs de bateaux à vapeur ont lieu pour Londres, Anvers, Rotterdam, Saint-Brieuc, Brest, Morlaix, Dunkerque, Nantes et Bordeaux.

HÔTELS, APPARTEMENTS ET PENSIONS. — La ville du

Les monuments sont peu nombreux dans cette citée marchande et maritime. L'église *Notre-Dame* date du XVIe siècle, avec un portail du XVIIe, et n'offre rien de particulièrement intéressant, elle sert de sépulture aux trois frères Raulin, assassinés en 1599 par le gouverneur Villars; les autres églises sont *Saint-François, Saint-Nicolas, Sainte-Marie*, presque toutes modernes; modernes aussi l'*Hôtel de Ville*, le *Palais de Justice*, la *Bourse*, le *Théâtre* et le *Musée-Bibliothèque*. Pour trouver des monuments historiques vraiment curieux, il faut visiter les communes environnantes dont nous parlerons plus bas.

Port et plage.

Le port du Havre, le premier port de commerce de France après Marseille, ne possède pas de rade abritée ; les mouillages en pleine mer se font dans des dépressions naturelles qui existent dans les *basses* ou hauts-fonds. C'est d'ailleurs le seul inconvénient de ce port, l'un des plus sûrs de notre littoral. Deux jetées, surmontées de phares et dont

Havre est une ville essentiellement commerçante et sa situation particulière de grand port de commerce fait que les approches de la mer, au point de vue de la balnéation, sont assez difficiles. L'établissement des bains de mer de *Frascati*, situé immédiatement au-dessus de la jetée, est à peu près le seul endroit où l'on ait la vue de la mer. Mais *Frascati*, immense hôtel et superbe casino, est un lieu de luxe où peuvent venir seulement les personnes aisées qui veulent jouir du spectacle mou-

l'une, celle du nord, beaucoup plus longue que l'autre, possède une sirène, laissent entre elles un chenal de 75 mètres de large, long seulement de 245 mètres, ce qui facilite l'entrée du port. Après avoir franchi ce chenal, les vaisseaux se trouvent dans un vaste avant-port (53 hectares de superficie); de là, six écluses communiquent avec : le *bassin du Roi*, ou *vieux bassin*; le *bassin de la Barre*, contenant un dock flottant destiné à la réparation des navires; le *bassin de la Citadelle*, précédé d'un sas éclusé: le *bassin de l'Eure* et le *bassin Bellot*, les plus grands de tout le port et dont le second est l'un des plus beaux du monde, tous deux réservés aux paquebots transatlantiques; le *bassin de la Floride*, beaucoup plus petit et protégé du côté de la Seine par un mur fortifié. Trois autres bassins existent encore : le *bassin du Commerce*, communiquant avec le bassin de la Barre ; le *bassin Vauban*, communiquant également avec le bassin de la Barre, ainsi qu'avec le bassin de l'Eure, et, par conséquent avec l'avant-port; le *bassin Dock*, enfin, s'ouvrant dans le bassin de l'Eure, et au fond duquel s'élèvent les *Docks-Entrepôts*.

vementé des entrées et des sorties du port, tout en s'entourant du grand confortable que peut offrir ce bel établissement.
La vie balnéaire du Havre s'est donc transportée soit à Sainte-Adresse, soit à Ingouville, faubourgs du Havre admirablement situés, soit au pied, soit au sommet des hautes falaises qui vont rejoindre le cap de la Hève, ou bien dans les nombreux villages qui bordent l'estuaire de la Seine, depuis le Havre jusqu'à Quillebœuf. Le baigneur est sûr de trouver, dans tous ces endroits, des villas, des appartements ou des pen-

Pour compléter ces immenses travaux, on a creusé parallèlement à la Seine, un nouveau bassin à flot communiquant par un canal éclusé avec le bassin de l'Eure; le *canal de Tancarville*, par lequel les bateaux d'un trop faible tonnage pour prendre la mer arrivent directement de la Seine dans les bassins du Havre, a été inauguré en 1887.

Les écluses de chasse établies autrefois pour déblayer le chenal sont remplacées aujourd'hui par des dragues, continuellement mises en mouvement et dégageant l'entrée du port du sable et des galets qui tendraient à l'obstruer.

L'entrée et la sortie des bassins sont plus faciles au Havre que partout ailleurs, grâce à la hauteur des marées ($6^m,15$ en morte eau, $7^m,85$ en vive eau), et à la durée de la mer étale, qui est d'une heure. Mais ces conditions deviennent insuffisantes, pour le mouvement des grands paquebots qui ont un tirant d'eau de 8 mètres. Aussi un projet est-il présenté pour la construction d'un vaste avant-port en eau profonde qui fera du Havre le premier port du monde.

Le commerce du Havre compte à lui seul pour plus d'un cinquième dans le commerce total de la

sions très confortables, mais d'un prix élevé. La vie est en effet assez coûteuse au Havre et dans ses environs, comme d'ailleurs dans toutes les grandes villes.

PRINCIPAUX HÔTELS DU HAVRE. — *Frascati, Continental*, tous deux presque sur le port, maisons de premier ordre; de l'*Europe*, de *Bordeaux*, d'*Angleterre*, *Richelieu*, *Tortoni*, de *Rouen*, de *Dieppe*, d'*Espagne*, du *Louvre*, de *Londres*, etc.

A Sainte-Adresse, on trouve l'hôtel des *Phares*.

BAINS. — Établissement de

France; près de 6,000 navires, venus des Etats-Unis, du Brésil, d'Haïti, des Antilles, de la Chine, de l'Inde, du Sénégal, des côtes d'Afrique, y entrent chaque année, important le tabac, le riz, le coton, le café, le sucre, le cacao, l'indigo, l'ivoire, l'ébène, les huiles de palme, les noix d'arachide, etc.; un nombre presque égal en sort pour exporter dans les diverses parties du monde les produits de l'industrie havraise et ceux de la France centrale, tissus de soie, de laine, de chanvre et de lin, lingerie et confections, articles de toutes sortes, ouvrages en métaux, machines, papeterie, horlogerie, verrerie, vins de Champagne, beurres, farines, etc. Le mouvement total atteint plus de deux millions de tonnes par an.

L'industrie tient dans le port du Havre une place presque aussi large que le commerce; des manufactures de tabac, des corderies, des forges, de superbes usines, des raffineries, s'élèvent dans les divers quartiers de la ville, principalement le long des quais et du canal Vauban.

Cité des plus animées, le Havre possède deux établissements de bains de mer: Frascati, au sud-ouest, dans le voisinage du port, et Sainte-Adresse,

Frascati. Bain 0 fr. 50; par abonnement de douze, 5 fr.; de vingt-quatre, 10 fr. Avec baigneur, prix double. On trouve dans le même établissement des bains chauds d'eau de mer et d'eau douce, des piscines pour hommes et dames, des salles d'inhalations, d'hydrothérapie, etc. Le casino de Frascati est fort brillant toute la saison et offre à ses abonnés des bals et des concerts très recherchés.

On trouve aussi un établissement de bains froids et chauds à Sainte-Adresse.

au bas des collines de ce nom. La plage, qui s'étend tout le long de la côte, est encombrée de galets, ce qui rend les promenades pénibles et les bains difficiles.

Promenades et excursions.

Les environs immédiats du Havre sont *Ingouville*, *Graville*, *Sanvic*, qui font, comme nous l'avons déjà dit, partie intégrante de la ville; *Sainte-Adresse*, le cap de la *Héve* et ses *phares*. On peut aussi se rendre dans la petite ville de *Montivilliers*, à *Rouelles*, à *Gonfreville-l'Orcher*; enfin, excursion beaucoup plus longue et plus importante, on peut remonter le cours de la Seine par la *pointe du Hoc*, *Harfleur*, *Quillebeuf*, *Caudebec* et *Jumièges*, jusqu'à *Rouen*, la plus grande ville de la Normandie, chef-lieu du département de la Seine-Inférieure.

INGOUVILLE. Qui n'est qu'à un quart d'heure environ du centre de la ville, est bâti au sommet d'un coteau verdoyant, où s'élèvent de nombreuses villas entourées de beaux jardins; on y monte surtout pour jouir d'une vue d'ensemble sur le Havre, et aussi pour visiter l'église, fondée au xiie siècle.

GRAVILLE. Commune plus importante de 2,700 habitants, située dans la charmante vallée de la Lézarde, doit une certaine célébrité à un prieuré qui contenait jadis les reliques de sainte Honorine. L'église et l'abbaye, construites au xɪᵉ siècle, sont classées parmi les monuments historiques ; ce sont de belles constructions romanes, très intéressantes à visiter, ainsi que la croix de pierre du cimetière, que les Parisiens connaissent pour l'avoir vue figurer dans le décor du 3ᵉ acte de *Robert le Diable*.

SANVIC. Peu au nord d'Ingouville, est la patrie de l'abbé Cochet, archéologue distingué, qui a décrit en détail toute cette partie de la Normandie.

SAINTE-ADRESSE. L'ancien *chef de Caux*, occupe la place d'une antique ville dévorée par la mer et dont les fondations, paraît-il, s'aperçoivent à marée basse. Le village moderne, mis à la mode par Alphonse Karr, possède un établissement de bains de mer ; il est situé dans un petit vallon au pied du cap de la Hève et protégé par un fort.

Pour se rendre du Havre aux phares de la Hève, on suit la rue d'Étretat, on longe la falaise jusqu'à *Notre-Dame-des-Flots*, chapelle moderne tapissée d'ex-voto dus à la dévotion des marins, puis on arrive en un quart d'heure au sommet du cap, à 121 mètres d'altitude.

Le cap de la Hève, au point de vue géologique, est l'un des points les plus importants de la côte normande. Là finissent les grandes falaises du pays de Caux. On dit que son nom lui vient du mot *how*, qui signifie *être frappé*, par allusion à la mer, dont les eaux, battant sans cesse le pied de la falaise, contribuent à déterminer des éboulements presque périodiques ; en

1845 et en 1861, le cap de la Hève s'écroula sur une largeur de près de 15 mètres ; presque tous les vingt-cinq ans, la même catastrophe se reproduit, et l'on a calculé que sur tout le littoral de la Manche, la mer tend à gagner 30 centimètres par an, aussi bien en Angleterre qu'en France, par suite de ces érosions, qui ne semblent pas devoir s'arrêter.

D'ailleurs, l'ennemi le plus sérieux à craindre pour toute la côte qui domine le Havre, n'est pas la mer, car, comme l'a démontré un géologue distingué, M. Lennier, le cordon de galets formé à la base du cap de la Hève suffit longtemps à le protéger de la mer, qui n'atteint la basse falaise qu'à des intervalles assez éloignés et seulement à l'époque des fortes marées d'équinoxe. Mais les plus graves éboulements sont toujours produits par les eaux d'infiltration Le cap est formé d'une couche calcaire perméable reposant au tiers de la hauteur totale de la falaise sur un banc d'argile kimméridienne qui retient les eaux. Celles-ci s'écoulent lentement et entraînent peu à peu les sables, de sorte que de temps en temps les terrains supérieurs glissent sur l'argile et s'écroulent en grandes masses. Voici, d'après M. Lennier (*Etudes géologiques*), le récit de l'éboulement qui se produisit ainsi en 1861.

« Toute la partie des basses falaises glissa lentement vers la mer, en refoulant devant elle le sable et le galet de la plage. En glissant ainsi, la partie basse avait isolé la falaise, qui surplombait considérablement ; de nouveaux mouvements étaient inévitables. Dès le lendemain, de grandes fissures qui avaient été remarquées sur le haut de la falaise s'élargirent, et plus de 40,000 mètres cubes de roches roulèrent bientôt comme une avalanche jusqu'au bord de la mer.

Les blocs restés suspendus aux escarpements de la falaise continuèrent à tomber pendant deux jours. Un phénomène curieux fut observé par toutes les personnes qui assistaient au premier glissement de la basse falaise : de toutes les fissures qui se produisaient dans le terrain en travail s'échappaient des lueurs phosphorescentes dont la présence peut s'expliquer par le dégagement de chaleur que devaient produire les frottements de masses aussi considérables les unes contre les autres. »

Les deux phares élevés sur cette côte dangereuse, et que l'on sera peut-être obligé de rebâtir plus loin quand quelques tranches de falaises de plus se seront affaissées dans la mer, sont à 100 mètres de distance l'un de l'autre et disposés de telle façon que les navires qui se dirigent vers le Havre ne perçoivent au large qu'un seul rayon lumineux destiné à les guider dans la navigation vers le chenal.

Ce sont deux appareils lenticulaires, à feu fixe, de deuxième ordre, dont la lumière s'aperçoit à 50 kilomètres au large; ils sont éclairés à l'électricité, et leur puissance respective est égale à celle de 5,000 lampes Carcel. L'appareil éclairant est double, de sorte que la lumière peut être portée à 10,000 Carcel par les fortes brumes. La lanterne qui les contient s'élève au sommet d'une tour quadrangulaire de 20 mètres, datant de 1775.

La vue que l'on découvre du haut du cap de la Hève est splendide; elle s'étend au nord jusqu'à Étretat, au sud jusqu'à l'embouchure de l'Orne.

MONTIVILLIERS. Ville de 4,000 habitants, située sur la Lézarde, dans une vallée verdoyante et fertile, fut jadis le siège d'une puissante abbaye ; soumise à la seule autorité de l'archevêque de Rouen, l'abbesse de Montivilliers avait droit d'exemption sur seize paroisses, y compris celle d'Harfleur. La fabrication du drap y avait acquis une certaine importance ; mais la prospérité croissante du Havre arrêta les progrès de Montivilliers, qui n'est plus aujourd'hui qu'une ville agréable, possédant une belle église abbatiale (XIe, XVIe siècle), quelques maisons anciennes, un cloître et un cimetière du XVIe siècle.

Citons encore, dans les environs du Havre, le petit village de *Rouelles*, situé près du bois de Mont-Géon, entouré des châteaux de *Mont-Géon* et d'*Esprémesall*, et la source pétrifiante de l'*Orcher*, au pied du château de *Gonfreville*, près du village du même nom.

Du Havre à Rouen, la Seine, canalisée, endiguée, est accessible aux navires d'un assez fort tonnage ; elle forme, en se repliant sur elle-même, quatre grandes boucles qui doublent la distance existant à vol d'oiseau entre les deux ports.

Les alluvions du fleuve, en se déposant sur la rive, ont rétréci l'estuaire et formé de nombreux bancs de sable. En remontant le courant, on rencontre successivement :

La pointe du Hoc, où a été établi un phare et où les Anglais débarquèrent, sous Charles VI, pour venir attaquer Harfleur.

HARFLEUR. Autrefois *port souverain* de la Normandie, bien déchu aujourd'hui de son ancienne splendeur. Les Anglais s'en emparèrent en 1415 et en 1440 ; en partie détruite par les protestants, cette ville fut enlevée

Une vue de Harfleur.

par les ligueurs, puis reprise par Henri IV en 1490 ; déjà l'embouchure de la Lézarde, à demi ensablée, ne permettait plus l'accès des navires ; cette situation ne fit que s'aggraver avec le temps ; puis, le Havre absorbant peu à peu toutes les villes du littoral, Harfleur subit le sort commun ; quelques fabriques, une certaine quantité de houille et de bois transportée chaque année, la culture des fruits et des légumes, constituent maintenant toutes ses ressources industrielles et commerciales. Pittoresquement encadrée de vieux remparts, la ville n'en offre pas moins un aspect fort agréable ; elle possède en outre une belle église, *Saint-Martin*, rebâtie au xvie siècle, un hôtel de ville ancien, et un château du xviie siècle s'élevant au milieu d'un beau parc.

Tancarville, où aboutit le canal du Havre.

QUILLEBEUF. Ville de 1,400 habitants ; Henri IV avait projeté d'en faire une place de guerre ; mais, après sa mort, Marie de Médicis fit détruire les fortifications, et Quillebeuf devint un simple port de pêche, assez important d'ailleurs, éclairé par trois phares. On y remarque une église dont le portail est mis au rang des monuments historiques.

Une des raisons qui rendent le port de Quillebeuf difficile à aborder, c'est la violence des courants, très forts en cet endroit, et le voisinage de la « Barre » ou mascaret qui se fait sentir jusqu'à Caudebec.

Ce phénomène, dangereux surtout aux époques de syzygies, a été ainsi décrit par M. V. Duruy :

« Tandis qu'à l'embouchure de la Seine, la mer, à

l'instant du flux, monte par degrés insensibles, on voit, vers Quillebeuf, dans les grandes marées, le premier flot se précipiter instantanément en une immense cataracte, qui forme, dans toute la largeur du fleuve, une vague roulante haute parfois de trois mètres, et suivie d'autres vagues appelées *éteules*, qui s'entre-choquent avec une inexprimable violence... Sous l'énorme pression de cette vague furieuse, le fleuve remonte vers sa source avec la rapidité d'un cheval au galop... Les bancs de sable du fond sont agités comme les eaux de la surface, et le lit du fleuve se déplace parfois de plusieurs kilomètres, de l'une à l'autre des falaises qui le dominent. »

CAUDEBEC. Ancienne capitale du pays de Caux, jadis fief de l'abbaye de Saint-Wandrille, située dans les environs, est posé sur la rive droite de la Seine, en face de la belle *forêt de Brotonnes*. Son histoire est à peu près celle de toutes les villes de ces parages ; les Anglais en prirent possession sous Charles VI ; les calvinistes et les ligueurs s'en emparèrent tour à tour ; puis Henri IV y fit son entrée en 1591. Caudebec possède une belle église bâtie moitié en style gothique, moitié en style Renaissance (xv° et xvi° siècle), dont le clocher est un véritable joyau artistique. Le port est assez peu fréquenté à cause de la violence du mascaret.

JUMIÈGES. Près de la forêt du même nom, doit sa célébrité à l'antique abbaye dont les ruines s'élèvent près de là. Fondée par saint Philbert, cette abbaye eut, au moyen âge, une importance considérable ; les rois

Ruines de l'abbaye de Jumièges.

de France y possédaient une maison de plaisance et Agnès Sorel y mourut en 1449. On montre encore le tombeau de la *Dame de Beauté* aux touristes qui visitent le cloître, la basilique *Notre-Dame* et l'église paroissiale (xi⁰ siècle).

ROUEN

La septième ville de France pour le nombre de ses habitants (102,900), Rouen tient une des places les plus importantes parmi les cités manufacturières, et est justement renommée pour la beauté de ses monuments.

Historique.

Rouen, l'antique *Ratumacus* ou *Rotomagus*, était, au temps de la conquête romaine, capitale du pays des Véliocasses. Les Romains l'agrandirent, l'embellirent et y établirent une préfecture militaire. Vers le iii⁰ siècle, la ville fut convertie au christia-

Paris à Rouen en 4 h. 30. On trouve à la gare des voitures de place (même prix qu'à Paris) qui permettent au voyageur de visiter les principaux monuments de la ville en deux ou trois heures. Tous les voyageurs qui se rendent au Havre, à Fé

nisme, et de nombreux conciles s'y tinrent jusqu'au X° siècle.

C'est en 841 que les Normands parurent à Rouen pour la première fois; sous Charles le Chauve, Rollon s'en empara, et le traité de Saint-Clair-sur-Epte (912) lui donna la souveraineté de toute cette partie de la France.

En 1204, après les luttes contre Jean sans Terre, Philippe-Auguste reprit Rouen et réunit la Normandie au domaine de la couronne. Puis vint la guerre de Cent Ans; les Anglais, maîtres de la ville en 1418, après un siège de six mois, en restèrent possesseurs pendant trente ans; c'est là que Jeanne d'Arc fut brûlée (1431). En 1449, enfin, Charles VII y fit son entrée solennelle et en chassa définitivement les étrangers.

Rouen prit une part active aux guerres de religion; les huguenots en demeurèrent maîtres pendant six mois; puis les ligueurs la disputèrent au roi, et ce n'est qu'après l'abjuration de Henri IV qu'elle consentit à faire sa soumission (1596).

La ville souffrit peu des troubles de la Révolution; mais en 1848 il s'y éleva quelques émeutes, et en 1870 elle eut la douleur de se voir envahie par le feld-maréchal de Manteuffeld, qui lui imposa les plus dures conditions.

Les plus illustres enfants de Rouen sont : Pierre

camp ou à Dieppe et passent par Rouen, feront bien de s'arrêter au moins quelques heures dans cette ville si riche en souvenirs historiques et pleine de beaux monuments.

Les principaux hôtels de Rouen sont ceux: d'*Angleterre*, de *Paris*, de

Corneille, Fontenelle, Benserade, Boïeldieu, Géricault et Armand Carrel.

Aspect et monuments.

Rouen, jadis vieille ville, maintenant presque entièrement rebâtie, n'en a pas moins conservé des monuments qui peuvent compter parmi les plus beaux de la France. Admirablement située au bord de la Seine, dominée par les collines du Bon-Secours et de la côte Sainte-Catherine, elle offre aux yeux l'aspect le plus imposant et le plus gracieux à la fois, avec son fleuve aux îles verdoyantes, ses ponts hardiment jetés d'une rive à l'autre, ses quais où se pressent les mâts de navires. Cinq faubourgs entourent la ville et s'étagent sur la rive droite : ce sont les faubourgs *Cauchoise*, *Bouvreuil*, *Beauvoisine*, *Saint-Hilaire* et *Martainville;* un pont de pierre, traversant l'*île Lacroix*, aboutit au faubourg Saint-Sever ; plus en aval, un pont de fer suspendu relie les quais Saint-Sever et de Paris.

De nombreuses promenades : le *Cours la Reine*, le *Jardin Solférino*, le *Cours Boïeldieu*; de grands boulevards et le *Jardin des plantes de Trianon* viennent égayer les rues de lignes de verdure. Quant aux

France, d'*Espagne*, de la *Poste*, de *Normandie*, etc. Restaurants et cafés.
Voitures de place et de louage, tramways.
On fera une superbe promenade en bateau à vapeur en accomplissant le trajet de Rouen au Havre. Un service a lieu tous les jours pendant l'été. Un restaurant est installé à bord. Trajet en 7 heures (6 fr. 60 et 5 fr. 50).

monuments, on ne peut tous les décrire, il suffit de signaler les principaux.

La *cathédrale*, un peu trop surchargée peut-être mais remarquable par ses proportions colossales et la richesse de son ornementation, date du XIII° siècle; c'est un de nos édifices religieux les plus renommés. Des deux tours qui la surmontent, l'une, la *tour de Beurre*, est fouillée jusqu'au sommet de sculptures sans nombre; l'autre, la *tour Saint-Romain*, est romane et semble inachevée; les portails, la tour centrale, haute de 151 mètres, qui en fait le plus haut monument du monde, les chapelles intérieures, qui contiennent les tombeaux de Rollon, de Guillaume Longue-Epée, de Richard Cœur de Lion, du duc de Bedford, de Louis de Brézé (attribué à Jean Goujon et Jean Cousin), tous les détails de cette église, enfin, méritent un examen prolongé et approfondi.

L'*église Saint-Ouen*, moins grande mais mieux proportionnée que la cathédrale, passe pour « l'un des plus parfaits édifices gothiques de l'Europe entière ».

L'*église Saint-Maclou* est un ravissant monument gothique dont Jean Goujon sculpta, dit-on, les portes.

Citons encore, parmi les édifices religieux, l'*âttre* ou *cimetière Saint-Maclou* (XVI° siècle), l'église Saint-Patrice (XVI° siècle), les églises *Saint-Godard* et *Saint-Vincent* (XVI° siècle). Parmi les édifices civils, l'*hôtel de ville* (XVIII° siècle), le *palais de justice* (XV° siècle), la *tour de la Grosse-Horloge* ou beffroi (XIV° siècle), le *palais archiépiscopal* (XV° siècle), les *halles* (XIII° siècle), le *bureau des finances* (XVI° siècle) et l'hôtel du Bourgtheroulde (xv⁰ siècle). Un *théâtre*, un *musée*, une *bibliothèque*, de nombreuses fontaines, places statues, (Corneille, Boieldieu, Jeanne d'Arc), contribuent à embellir la ville.

Port.

« Rouen, dit M. Amédée Burat, situé à 116 kilomètres de la mer, est cependant un port, car la marée se fait encore sentir à 25 kilomètres en amont du barrage Martot. La navigation était autrefois difficile, elle a été transformée par des travaux d'endiguement; du Havre à Rouen il n'existe pas de point où on ne trouve 5 mètres de profondeur. Le flot s'annonce à Rouen par une vague de 50 à 60 centimètres de hauteur, et l'amplitude de la marée est, en temps ordinaire, 1^m,10 en morte eau et 2 mètres en vive eau; elle est moindre par les grandes crues et malgré les dénivellations produites par les marées, l'eau salée n'arrive jamais jusqu'à Rouen. La barre du flot atteint en vive eau une hauteur de 60 à 80 centimètres, et la vague parcourt en une heure et quart les 35 kilomètres de Duclair à Rouen, c'est-à-dire avec une vitesse de 8 mètres. Après cette ondulation, d'ailleurs inoffensive, le courant du flot s'établit avec une vitesse maximum de 1^m,25.

« Le mouvement maritime du port de Rouen est devenu très actif depuis l'achèvement des travaux d'endiguement. On l'évalue à plus de 500,000 tonnes. L'importation est d'environ 400,000 tonnes et l'exportation de 160,000. Ce grand trafic du port de Rouen est obtenu par environ 1,000 navires à voiles, entrés ou sortis, et par 700 entrées ou sorties de navires à vapeur. Le plus gros navire entré jaugeait 1,700 tonneaux avec un tirant d'eau de $5^m,60$; on pourrait même aller au delà en profitant les navires étrangers y importent différents produits d'Amérique, d'Angleterre, d'Italie, d'Espagne, de Hollande, du Hanovre, de la mer Noire et de l'Inde. Rouen exporte de son côté des fruits, des légumes, des graines, du marbre, du granit, du soufre, de la fonte, du fer, de l'acier, de la houille et autres minéraux, des produits chimiques, du vin, de l'eau-de-vie, du cidre, des tissus de laine, du savon.

Quant à l'industrie, qui fait de Rouen une de nos premières villes, elle consiste principalement en filature, tissage de coton, et fabrication des étoffes de *rouennerie*. Les manufactures de toiles peintes ou indiennes, de laines, les savonneries, les teintureries, emploient de nombreux ouvriers. Enfin des fabriques de produits chimiques, des fonderies, des établissements métallurgiques, existent dans Rouen même, les faubourgs et les environs.

TROISIÈME RÉGION

FALAISES CRÉTACÉES ARGILEUSES

Côtes rocheuses, grèves longues.

HONFLEUR A ISIGNY

Nous avons exposé plus haut que les plateaux élevés de la Normandie sont constitués par une épaisse couche de craie, superposée à des terrains jurassiques dont elle est séparée par des argiles qu'on voit apparaître à la base des falaises. En certains points, des failles, véritables dislocations occasionnées par le soulèvement de toute la couche, ont ouvert des espaces larges de quelques centaines de mètres dans lesquels les couches jurassiques inférieures ont été comme injectées par la poussée souterraine.

De Dieppe au Havre, les stratifications présentent

une inclinaison ascendante, de sorte qu'en arrivant au cap de la Hève la couche crétacée offre un épaisseur relativement faible, tandis que les marnes et les argiles du Gault forment une base assez épaisse.

Le même mouvement se continue de l'autre côté de l'estuaire de la Seine, et l'argile devient prédominante dans la constitution des terrains, donnant aux plages des caractères particuliers ; cette argile analogue aux argiles d'Oxford est même connue des géologues sous le nom d'argile d'Honfleur. Délitée sans cesse par les eaux de la mer, elle forme un limon gras qui rend peu agréables les promenades sur les grèves qui s'étendent entre Trouville et Honfleur, car partout où le sable ne recouvre par l'argile on enfonce quelquefois jusqu'à la mi-jambe.

De Honfleur à l'embouchure de la Dives, les falaises sont très élevées et leur aspect est absolument différent de celui qu'offre la côte du pays de Caux : la couche superficielle seule est crétacée, la base est faite de lits alternatifs d'argile et de calcaire marneux superposés à des grès et à des sables. Grâce à cette structure, les eaux de pluie s'insinuent par des fissures à travers la craie jusqu'aux couches imperméables d'argile, délaient celle-ci et l'entraînent vers la mer : il en résulte que les couches supérieures ne sont plus soutenues et s'affaissent de telle sorte que les falaises sont fortement inclinées vers la mer et n'ont plus l'aspect à pic qui rend si remarquable le paysage des plages des environs du Havre. Les talus ainsi formés sont remplis de trous où l'eau séjourne ; ce qui entretient une humidité propice à la végétation, aussi les *Graves* (on donne souvent ce nom aux falaises des environs de Trouville) sont-ils couverts de roseaux et de plantes marécageuses qui leur donnent un aspect sombre caractéristique.

Les parties de la côte qui surplombent immédiatement la mer sont ravinées par les sources, d'où des éboulements qui font écrouler les rochers calcaires dont les lits alternent avec l'argile, ces roches forment un semis sur la grève et portent le nom de Roches-Noires à Trouville, de Vaches-Noires à Villers en raison de la couleur sombre qu'elles prennent lorsque la végétation marine s'y développe. Toute cette partie de la côte est intéressante pour le géologue qui trouve sur la grève les nombreux fossiles qui caractérisent les terrains argileux. On y observe également un phénomène curieux de transformation des roches : l'estran est recouvert à marée basse par d'énormes bancs argileux arrachés de la falaise au moment des hautes marées ; au contact de l'eau de mer fortement chargée de chlorures et de sulfates, l'argile, qui est du silicate d'alumine, s'imprègne de ces sels ; puis, à marée basse et sous l'action de l'oxygène de l'air, elle se dédouble en silice insoluble, en chlorure d'aluminium et en aluns qui sont entraînés par l'eau au retour de la marée. Par suite de ce phénomène, on constate en quelques jours des transformations véritablement étonnantes, la couleur grise de l'argile disparaît et se transforme en un jaune rougeâtre en même temps que les bancs, d'abord plastiques, durcissent et deviennent pierreux; mais, si l'on brise avec un marteau la couche superficielle, on retrouve au-dessous l'argile avec tous ses caractères.

L'embouchure de la Touque interrompt la ligne des falaises, Trouville et Deauville, qui se trouvent sur chacune des rives de la rivière, se défendent à grand'peine contre l'envahissement des sables dont la montée risque de compromettre la fortune de ces deux plages. La défense est surtout difficile à Deauville dont les villas ont été élevées sur les dunes nivelées au bord de la mer, pour la construction d'une terrasse; mais celle-ci n'a pu empêcher la formation de nouvelles dunes qui se forment aujourd'hui en avant des obstacles opposés au sables.

De Deauville à Villers, la ligne des falaises reprend, toujours avec le même caractère encore accentué par les nombreuses irrigations souterraines qui creusent des galeries profondes, d'où la production d'affaissements considérables : à côté de Villers, les touristes visitent avec intérêt sur le plateau d'Auberville, le *chaos*, étrange assemblage de ravines et de monticules qui forment un tableau des plus sauvages. C'est dans ce décor que M. Jules de Glouvet (Quesnay de Beaurepaire) a placé l'une des principales scènes de l'un de ses meilleurs romans : *le Père*.

De Villers à l'embouchure de la Dives, en passant par Houlgate et Beuzeval dont les environs accidentés présentent des paysages encore plus jolis que ceux de la vallée de la Touque, la falaise s'abaisse lentement. Là finit la côte pittoresque, car, ensuite, de Cabourg à Courseulles, le bord de la mer est plat et des moins intéressant pour l'artiste. La mer a gagné sur la côte et la véritable falaise se trouve sous l'eau où elle forme le dangereux bancs des *roches du Calvados* qui depuis les *écueils des Essarts* en face de Langrune jusqu'à la *tête du Calvados* située près d'Arromanches, présente sur une longueur de près de vingt kilomètres toute une série de récifs sous-marins qui n'émergent qu'au moment des grandes marées. Toute cette partie de la côte est formée de terrains jurassiques, ce sont des bancs oolitiques en stratifications horizontales qui se poursuivent jusqu'à la *Baie des Weys*.

La constitution de ces roches donne au rivage, à

partir d'Arromanches, une physionomie toute particulière en raison de la régularité que présentent les couches calcaires, superposées les unes aux autres : toute cette région est riche en carrières qui fournissent soit d'excellentes pierres de taille, soit des argiles plastiques (Bayeux).

Toute cette partie du littoral est dangereuse pour la navigation, Courseulles, Arromanches, Port-en-Bessin, sont des petits ports de pêche qui n'offrent aucun abri aux grands bateaux. Grandcamp, la dernière plage de cette région, n'est même pas un port, mais un simple mouillage, abandonné depuis que les travaux effectués dans la baie des Weys ont rendu facile l'accès des petits ports d'Isigny et de Carentan.

Là finit le terrain jurassique dont les grands dépôts affleurent sur toute cette partie de la Normandie ; à partir de Carentan, le terrain primitif apparaît et l'on peut dire que la Bretagne, la terre granitique par excellence, commence avec le Cotentin.

Comme toute la côte du Boulonais, où la falaise arrive au niveau des marées, le littoral normand recule devant la mer. On suppose que toute cette partie de la France depuis Boulogne jusqu'à Nantes subit un lent affaissement de toute sa masse, tandis que les terres baignées par la Baltique se relèvent peu à peu. Ce mouvement facilite les érosions des vagues de la mer. On sait que les roches du Calvados qui sont aujourd'hui à trois kilomètres en avant du niveau de la pleine mer, formaient autrefois la falaise, et, sur les grèves de Luc et de Langrune, lors des grandes marées, le flot découvre des ruines de constructions romaines. A Port-en-Bessin et à Arromanches, on a découvert des aqueducs qui portaient l'eau potable à de grandes cités aujourd'hui submergées. En parcourant la côte du Cotentin et de la Bretagne, nous trouverons des souvenirs encore plus récents d'un bouleversement géologique qui a complètement transformé ces régions.

Les grèves de ces côtes, sauf celles qui se trouvent à l'ouest, sont le plus souvent sablonneuses, quoique les débris des falaises fassent une quantité considérable de galets, mais les courants violents qui balaient le rivage entraînent ceux-ci sur la rive droite de la Seine, de sorte que l'on en souffre peu sur la rive gauche de l'estuaire; mais, cependant, il arrive quelquefois qu'une grande marée apporte un banc de galets devant les plages du Calvados, et dans ce cas, il faut attendre qu'une autre grande marée vienne en débarrasser le rivage.

TROUVILLE-DEAUVILLE

Trouville et sa rivale Deauville s'élèvent sur la rive droite et sur la rive gauche de la Touques, à l'endroit où cette rivière débouche dans la mer.

S'il est une ville moderne dans l'histoire, c'est à coup sûr Trouville; ce village de pêcheurs, où, il y a 40 ans, le poisson se vendait *deux liards*, est aujourd'hui une ville de près de 6,000 habitants, dont la population se trouve presque quadruplée à l'époque des bains: deux églises, un hôtel de ville, des villas sans nombre, de toutes les grandeurs, de tous les styles, quelques-unes, telles que le chalet Bordier, véritables merveilles de bon goût et de sens artistiques, entourées de parcs merveilleux, de jardins fleuris; des hôtels monumentaux, deux casinos dont l'un, décoré par Rubé et Chaperon, est éclairé, les jours de bal, par 600 becs de gaz:

PARCOURS. — De Paris, gare Saint-Lazare, 220 kil. — Prix: 1re cl., 24 fr. 65; 2e cl., 16 fr. 65; 3e cl., 10 fr. 85.

MOYENS DE TRANSPORT. — Tous les trains sont desservis par des omnibus. On trouve aussi de nombreuses voitures pour vous conduire soit à Trouville, soit aux environs: Deauville, Villerville, etc. Dans Trouville même, des voitures dont le prix varie de 1 fr. 50 à 4 fr., sont à la disposition des voyageurs. Pour les promenades et excursions, on peut se procurer des che-

tel est le Trouville actuel, dont la vogue ne paraît pas diminuer et que 15,000 touristes envahissent chaque année.

Deauville est de création plus récente encore, car, dès 1825, le peintre Charles Mozin, puis Isabey, avaient, dans des toiles nombreuses, signalé Trouville à l'attention des Parisiens, tandis que Deauville ne date que du second Empire ; fondée en 1862 sous les auspices du duc de Morny, cette ville fut constituée de toutes pièces en moins de trois ans, port, mairie, église, écoles, temple protestant, maisons à plusieurs étages et casino, ce dernier plus grand, plus somptueux encore que celui de Trouville ; rien n'y manque, pas même un champ de courses, assidûment fréquenté pendant les quinze premiers jours d'août.

La fortune extraordinaire de ces deux stations n'a pas tenu seulement au caprice de la mode parisienne, ni à la protection particulière de tel ou tel grand personnage ; toutes deux, Trouville surtout, sont situées dans un pays charmant, confinant à la vallée d'Auge, dont les riantes prairies et les pommiers fleuris sont justement célèbres. Aux

vaux, des ânes, des carrioles, des voitures à un et deux chevaux.
Parmi les environs desservis par chemin de fer ou des voitures publiques, on peut citer : Villerville, Honfleur, Dives, Cabourg, Villers, Houlgate, Beuzeval et Caen.

BATEAUX. — Le trajet de Trouville au Havre se fait plusieurs fois par jour en bateau à vapeur pendant l'été. Les prix sont de 2 fr., 1 fr. et 0 fr. 75, et la traversée se fait en une demi-heure ou trois quarts, selon l'état de la mer.

environs de Trouville, les falaises, au lieu de dresser, comme sur les côtes précédentes, une ligne verticale et crayeuse, s'abaissent doucement en pentes gazonnées; la plage, au lieu d'un banc de galets, offre au pied des baigneurs une immense étendue de sable doux, moelleux, brillant, où l'on marche sans fatigue et sans difficulté; les coteaux, qui entourent la ville, les plaines verdoyantes de la vallée de la Touques, abondent en promenades, en coins perdus, où l'on peut se reposer pendant quelques heures du luxe et du bruit de la plage.

Trouville et Deauville ont chacune un port; mais celui de Trouville est de beaucoup le plus important, quoique les sables menacent de l'envahir, à cause des alluvions que la Seine dépose sur toute cette partie de la côte; déjà des bancs se reforment en avant des jetées; toutefois, un certain mouvement commercial s'est établi à Trouville; 90,000 tonnes d'importation; environ 20,000 d'exportation, ainsi se chiffrent les échanges. Le port, éclairé par un phare et précédé de deux jetées de bois situées à 50 mètres l'une de l'autre, se compose d'un avant-port (308 mètres sur 80) qui communique par une

S'adresser au port pour les promenades en mer, prix à forfait.

HÔTELS. — Les hôtels les plus importants et dont les prix sont aussi les plus élevés, sont ceux: des *Roches-Noires*, de *Paris*, d'*Angleterre*, de *Bellevue*; parmi les maisons de moindre importance, on peut citer l'hôtel de la *Mer*, *Meurice*, du *Bras d'Or*, du *Louvre*, du *Havre*, etc.

Les prix de location pour les maisons, villas et appartements meublés sont très élevés à Trouville, car il y a des installa-

écluse avec un bassin à flot où peuvent pénétrer même les navires de fort tonnage, tant à voiles qu'à vapeur; les produits de la pêche côtière comptent pour une assez grande quantité dans les marchandises exportées.

L'établissement des bains de mer est confortablement et même luxueusement organisé; indépendamment des deux casinos de Trouville et de celui de Deauville, où les Parisiens trouvent, avec tout le luxe possible et désirable, les plaisirs les plus variés : concerts, danses, salons de lecture, de conversation, de jeux, la plage comprend des jardins anglais, des squares, un parc avec laiterie. Nous disons la *plage*, car, quoique les deux villes soient très distinctes l'une de l'autre, la grève de Deauville n'est, en réalité, que le prolongement de celle de Trouville. Seulement, à Deauville, la mer se retire plus loin au moment du reflux, ce qui rend les bains moins commodes.

Le casino et les villes de Deauville, au lieu d'être bâtis de plein pied avec la plage, comme à Trouville, s'étendent le long d'une vaste terrasse aménagée sur l'emplacement des anciennes dunes.

tions extrêmement confortables et même luxueuses. Cependant, des familles peuvent trouver à se loger dans des conditions relativement raisonnables si elles veulent se contenter de grands ou petits appartements.

BAINS. — Un établissement de bains est installé sur la plage, au lieu dit des Roches-Noires. On y trouve tout le confortable désirable.

Outre les bains de mer, il y a dans Trouville des établissements de bains chauds et d'hydrothérapie.

La plage de Trouville est grande et absolument sablonneuse, la lame y est forte, la température est moins âpre que sur les côtes du pays de Caux, et les vents sont également moins violents, mais les soirées sont très fraîches. On trouve à cette station un bel établissement hydrothérapique.

A Deauville, les dunes, qui se forment et augmentent de plus en plus, rendent le bain difficile, car on est obligé d'aller chercher la mer très loin.

Promenades et Excursions.

De Trouville, les excursions sont nombreuses et faciles. Sans parler des visites aux plages environnantes, *Honfleur, Villerville, Tourgeville, Villers*, que nous examinerons en détail, on peut faire de jolies promenades dans les campagnes situées immédiatement autour de la ville. La route de Villerville ou *Corniche des Roches-Noires*, qui suit le bord de la falaise, domine Deauville et l'horizon jusqu'au delà du cap de la Hève. Des falaises d'*Hennequeville*, où l'on a trouvé de curieux fossiles, on découvre tout le port du Havre et les coteaux qui l'entourent.

CASINO. — Deux casinos sont ouverts pour la saison sur la plage de Trouville. L'entrée pour une personne varie de 1 fr. à 3 fr. par jour, selon le mois. L'abonnement est de 40 fr. pour un mois, 60 fr. pour la saison; il donne droit à l'entrée de toutes les salles de jeux, lecture et conversation. Les entrées sont suspendues pour les fêtes extraordinaires.

De la *forêt des Touques* ou de *Saint-Gatien*, bois remarquable par les sites gracieux et les richesses botaniques qu'il renferme, on se rend au *château d'Hébertot*, massive bâtisse datant de Louis XIV, et visitée surtout à cause de sa situation pittoresque ; le village de *Saint-André*, dont dépend le château, renferme le tombeau du célèbre chimiste Vauquelin et une assez belle église au clocher roman. Non loin de là, dans la vallée de la Calonne, se dressent les ruines du vieux manoir de *Malesmains*.

Une autre localité intéressante des environs est la petite ville de *Touques*, située à une lieue de Trouville, sur la route de Pont-l'Évêque. Touques, fondée au XIe siècle par Guillaume le Conquérant, fut autrefois une cité commerciale importante ; deux belles églises lui restent encore : *Saint-Pierre*, classé parmi les monuments historiques (XIe siècle) et *Saint-Thomas* (XIIe siècle) ; en outre, des vieilles halles en bois, très intéressantes à visiter, et le charmant *manoir de Mautry* (XVIe siècle) contribuent à donner à la ville un aspect

Deauville. — Pour les moyens de transport aux environs, voir Trouville.
On trouve à Deauville un grand nombre de villas et appartements à louer, mais tous, sauf de rares exceptions, à des prix assez élevés.

HÔTELS. — Hôtel du *Casino* et de la *Terrasse*, tous deux de première classe ; de l'*Europe*, plus modeste.

CASINO. — Le prix des abonnements est de 40 fr. pour la saison pour une personne, et 80 fr. pour une famille de quatre personnes. Entrée : 1 fr. dans la journée et 2 fr. le soir. Les soirées et fêtes extraordinaires ne sont pas comprises dans l'abonnement.

BAINS DE MER. — Un établissement important, comprenant l'hydrothérapie et les bains chauds, est installé sur la *terrasse*.

pittoresque. C'est à un kilomètre et demi de Touques qu'on visite les ruines de *Bonneville*, le château fort du Conquérant, qui y séjourna souvent ; ce sont des restes imposants, un donjon, des fossés, cinq tours enfouies sous le lierre, d'où l'on jouit d'une très belle vue.

Dans les mêmes parages que le bourg de Touques, les touristes trouvent aussi le *château de Lassay*, bâti, dit-on, en trois mois par le marquis de Lassay pour recevoir Mlle de Montpensier ; le *prieuré de Saint-Arnould* (XIe siècle) près duquel coulent la *fontaine de Saint-Arnould* et la *fontaine de Saint-Clair*, lieux de pèlerinage assez fréquentés, s'étageant sur les pentes du mont Canisy ; plus loin, vers Tourgeville, le *château de Glatigny* (XVIe et XVIIe siècles), belle construction très bien conservée.

Plages secondaires de Trouville

HONFLEUR

(9,000 habitants), port jadis important, situé vis-à-vis le Havre sur l'embouchure de la Seine ;

PARCOURS. — De Paris, gare Saint-Lazare, 233 kilom. — Prix : 1re cl., 26 fr. 10 ; 2e cl., 17 fr. 60 ; 3e cl., 11 fr. 50.

MOYENS DE TRANSPORT. — A chaque train, des omnibus emmènent les voyageurs aux hôtels. Pour les personnes qui se rendent au Havre, des voitures attendent et les mènent directement aux bateaux.

Honfleur.

Robert le Magnifique, duc de Normandie, bâtit vers 1034 l'oratoire de Notre-Dame de Grâce, au pied duquel se groupa un bourg, puis une véritable ville. Les Anglais s'en emparèrent en 1418 et n'en furent chassés que trente ans plus tard. Pendant les guerres de religion, Honfleur tomba au pouvoir des protestants; Louis XIV fit agrandir le port en 1672, et le commerce y prit une certaine extension; mais bientôt les progrès du Havre vinrent arrêter ceux de sa modeste rivale.

Les marins de Honfleur furent, au XVIe et au XVIIe siècle, de hardis explorateurs du Nouveau-Monde; Binot-Paulmier de Gonneville, le capitaine Denis et d'autres encore poussèrent leurs voyages de découvertes jusque vers les terres australes, abordèrent à Terre-Neuve, fondèrent des comptoirs à Québec et dans les îles de la mer des Indes.

Le port de Honfleur, d'une superficie totale de 8 hectares, comprend un chenal, un avant-port et trois bassins à flot, le tout presque entièrement envahi par une vase limoneuse dont des dragages

Les hôtels fournissent des voitures pour les promenades qui sont nombreuses et charmantes. On peut se rendre à Trouville en passant par Villerville, dans une voiture publique dont le coût est de 2 fr. 10 et 1 fr. 60. Ce trajet s'effectue tous les jours.

De nombreuses barques peuvent se louer pour les promenades, soit en mer, soit en rivière; prix à forfait avec les patrons.

La traversée de la Seine pour aller au Havre a lieu plusieurs fois par jour, les heures de départ sont subordonnées à la marée; les prix sont de 2 fr., 1 fr. et 0 fr. 50.

Pour Rouen, un départ par jour pendant la saison; prix: 6 fr. 60 et 5 fr. 50.

incessants et des chasses puissantes ont difficilement raison; cependant, un nouveau bassin de 60 hectares, servant de retenue et contenant à peu près 600,000 mètres cubes d'eau, fait espérer de meilleurs résultats. Ce qui rend le dégagement du port si difficile, ce sont les bancs de sable mobiles situés à l'embouchure de la Seine, qui tantôt obstruent le chenal et tantôt disparaissent presque complètement sans qu'on puisse prévenir ni même prévoir l'une ou l'autre des éventualités. Malgré ces conditions médiocres, Honfleur importe et exporte environ 300,000 tonnes par an.

La plage, située au bas du coteau qui couronne Notre-Dame de Grâce, n'a aucune importance à cause du limon qui rend les bains peu attrayants en cet endroit; elle possède un casino et un établissement de bains où se rendent à peu près exclusivement les riverains des environs.

Une belle avenue de 3 kilomètres de long, l'avenue de la République, donne accès dans la ville, assez pittoresque avec ses rues étroites et mon-

Quatre fois par semaine, des bateaux à vapeur partent pour Southampton et Littlehampton.

Hôtels. — Les principaux hôtels de Honfleur sont ceux: de la *Paix*, du *Cheval Blanc* et d'*Angleterre*, du *Dauphin*, du *Mont-Joly*, etc.

De nombreuses maisons et appartements meublés sont à louer pendant la saison, à des prix très variables.

Bains. — Il n'y a pas, à proprement parler, de bains de mer à Honfleur, la plage étant impraticable, même à marée basse, à cause des vases qu'y amène la Seine. Il y a cependant un petit établissement.

Un *Casino*-restaurant offre des jeux divers.

tueuses, dont les principaux monuments sont la vieille église *Sainte-Catherine* (XVe siècle) en bois revêtu d'ardoises par endroits, et l'église *Saint-Léonard* (XVIe-XVIIe siècle). Honfleur possède un musée, un collège, quelques ruines intéressantes, et la *chapelle de Notre-Dame de Grâce*, le lieu de pèlerinage préféré des marins, d'où l'on jouit d'une vue splendide sur l'estuaire, la mer, le Havre et ses environs.

VILLERVILLE

Est un petit hameau de pêcheurs qui a pris depuis quelques années une certaine extension, grâce à une colonie d'artistes et de littérateurs séduits par la tranquillité de ce joli village aux vallons ombragés, aux pommiers touffus; la plage, un peu moins paisible aujourd'hui, est en train de devenir à la mode, et de belles villas se bâtissent aux alentours. C'est une plaine de sable assez étroite, précédée d'un banc de galets; à un peu plus d'une demi-lieue au large est le *Ratier* où l'on va pêcher la moule à marée basse.

Il n'y a pas apparence de port à Villerville, et, par les grosses mers, les pêcheurs sont obligés de remonter jusqu'à Honfleur pour trouver un abri.

L'église de Villerville, qui a souvent tenté le pinceau des artistes, possède une tour romane du XIIe siècle; deux autres monuments, le *Manoir* et le *château de Landale*, sont situés aux environs, remarquables d'ailleurs par les sites gracieux qu'on y découvre et les fraîches prairies qu'on y rencontre.

TOURGEVILLE

Village de 300 habitants, situé à 7 kilomètres au sud de Trouville, près du château de Glatigny dont nous avons déjà parlé (p. 198), possède une église résumant presque tous les genres d'architecture du XIIe au XVIIIe siècle.

VILLERS-SUR-MER

Voici encore une plage élégante, qui semble marcher sur les traces de Trouville et de Deauville, tout en restant plus accessible aux fortunes modestes et aux baigneurs amis de la tranquillité : de nombreuses villas, un *casino* assez important, quoique mal placé, un établissement de bains bien aménagé, ont, depuis une trentaine d'années, transformé en petite ville un pauvre village perdu des côtes de la Manche. Tout justifie d'ailleurs l'engoue-

PARCOURS. — De Paris, gare Saint Lazare, 227 kilom. — Prix : 1re cl., 25 fr. 40 ; 2e cl. 17 fr. 15 ; 3e cl., 11 fr. 20.

MOYENS DE TRANSPORT. — Voitures publiques ou chemin de fer pour les environs, permettant de circuler entre Trouville, Caen, Houlgate, Dives et Cabourg.

HÔTELS ET VILLAS. — Hôtel du *Casino*, des *Herbages*,

ment des touristes pour cette grève large et sablonneuse, s'étendant au pied de vertes collines et entourée de falaises pittoresques.

Villers est dominé au sud par un *château* de style Louis XIII ayant appartenu jadis au marquis de Brunoy ; dans l'intérieur du village s'élève l'église (XIe-XVIe siècle), restaurée de nos jours.

Une des curiosités de Villers, ce sont les falaises du sud ou les *Vaches-Noires,* comme on les appelle dans le pays. A partir de l'embouchure de la Seine, on ne rencontre plus ces hautes murailles crétacées qui forment une ligne non interrompue d'Ault au cap de la Hève ; les falaises du Calvados sont composées à leur base d'une argile bleue analogue à celle des falaises d'Oxford, et la craie verte, appelée *green sand* par les Anglais, domine surtout près du sommet. Ce qui rend ces couches argileuses fort intéressantes, c'est leur formation géologique et les nombreux fossiles qu'elles renferment. M. Amédée Burat, dans son *Voyage sur les côtes de France*, parle « des formes accidentées et ravinées qui résultent à la fois de la nature délitable des argiles et de l'action des eaux. Les eaux pluviales et les eaux courantes délayent en effet ces argiles, les sillonnent en creusant les parties faciles à attaquer, et déterminent des éboulements fréquents. S'il existe quel-

du *Bras d'or*, de la *Plage*. Prix relativement modérés..
Nombreuses maisons et appartements meublés à louer à des prix très abordables.

CASINO. — Pour la saison, 40 fr. par personne, 80 fr. pour une famille de 4 personnes. Mercredi et dimanche, bal ou théâtre. Les entrées sont suspendues une fois par mois

Villers-sur-Mer.

que petit cours d'eau à leur surface, ces eaux, en se rendant à la mer, creusent des galeries souterraines et excavent les stratifications supérieures. Les couches calcaires qui se trouvent au-dessus des argiles perdent ainsi leur soutien et s'écroulent dans la mer, où leurs blocs, dispersés sur la plage et recouverts par une végétation d'un vert sombre, forment les Vaches-Noires de Villers et les Roches-Noires d'autres localités. Ces roches deviennent en effet noirâtres par les végétations qui s'y développent. Au pied de ces falaises dénudées et en mouvement constant, on trouve toute la faune contenue dans les argiles oxfordiennes. Les gryphées caractéristiques, les trigonies sont en abondance sur ces plages où les géologues viennent tous les ans faire de fréquentes récoltes. » (A. Burat.) On a découvert aussi des traces de Téléosaures, d'Ichthyosaures et d'un poisson bizarre appelé *Serpula quadrangularis*.

Toute cette partie des falaises s'explore à marée basse par un chemin longeant la grève ; au sommet des hauteurs se trouvent l'église et le manoir d'Auberville, par où l'on se rend à Houlgate et à Beuzeval. (Voir plus bas, p. 216.)

La plage de Villers est grande et vaste, elle est protégée par les falaises qui limitent l'anse, au fond de laquelle est bâtie la ville ; aussi, à moins d'orages, les vents n'y sont jamais violents. La lame ne se

pour une fête extraordinaire.

BAINS DE MER. — Par abonnement, 13 fr. les douze cachets de bains complets.

— Hydrothérapie. — Le bain a lieu de 7 heures du matin à 7 heures du soir, sauf un repos de 2 heures à marée basse.

fait pas trop vivement sentir ; mais, quand on avance un peu dans la mer, on trouve des courants contre lesquels les nageurs font bien de se prémunir. Ces courants sont chauds, ce sont de véritables rivières de quelques mètres de large qui viennent réchauffer la température des eaux ; aussi celle-ci s'élève-t-elle à Villers beaucoup plus haut que dans les stations environnantes. Toutes ces conditions font de Villers une plage agréable à habiter, on peut dire que c'est le point le plus favorisé du Calvados.

CAEN

Quoique la ville de Caen soit située à 14 kilomètres dans l'intérieur des terres, au confluent de l'Orne et de l'Odon, elle possède, grâce aux travaux de canalisation accomplis le long de l'Orne un véritable *port* marchand, l'un des plus commerçants de la côte normande.

PARCOURS. — De Paris, gare Saint-Lazare, 239 kilom. — Prix : 1re cl., 26 fr. 75 ; 2e cl., 18 fr. 05 ; 3e cl., 11 fr. 80.

MOYENS DE TRANSPORT. —

Omnibus et voitures à la gare. Dans l'intérieur de la ville, des voitures stationnent ; le prix d'une course dans Caen est de 1 fr. ; l'heure de 2 fr.

Caen, chef-lieu du département du Calvados, renferme plus de 40,000 habitants et prend place parmi les villes importantes de France.

Historique.

Jusque vers le XI⁰ siècle, Caen ne fut qu'un simple bourg ; c'est seulement sous le règne de Guillaume le Conquérant qu'elle s'éleva au rang de cité féodale. Le grand-duc y fut enterré en 1087, et Caen resta vassale de l'Angleterre jusqu'en 1204, époque où les bourgeois, exaspérés des exactions et des cruautés de Jean sans Terre, ouvrirent leurs portes à Philippe-Auguste. Pendant la guerre de Cent Ans, ils tombèrent au pouvoir d'Édouard III (1346), qui pilla la ville de fond en comble pendant trois jours. En 1417, Henri V la prit encore une fois ; mais Charles VII la reconquit pour toujours (1450).

La Réforme, la Ligue, la révocation de l'édit de Nantes eurent leur contre-coup à Caen ; la Révolution amena dans ses murs plusieurs proscrits girondins dont la vue inspira à Charlotte Corday l'horreur du régime jacobin et la pensée d'assassiner Marat.

Pour une promenade hors de la ville, devant durer plusieurs heures, le tarif est de 10 fr.

Creully, Torigni, Tilly-sur-Seulles, Villers-sur-Mer, Houlgate, Beuzeval, Cabourg et Dives, sont desservis par des voitures publiques ou par chemin de fer.

BATEAUX. — Un bateau à

Caen est la patrie d'un grand nombre d'hommes célèbres, entre autres Malherbe, Malfilâtre, l'évêque d'Avranches Huet, Tanneguy-Lefèvre, savant et père de Mme Dacier, le peintre Restout, le général Decaen, les musiciens Choron et Auber.

Aspects et monuments.

La situation de Caen est très gaie ; la vallée de l'Orne, verdoyante et fertile, les collines qui bordent la rivière, les rues étroites, aux maisons de bois, curieux vestiges du passé contrastant avec les voies nouvelles, cours, promenades et boulevards largement ouverts, le mouvement du port, dont les abords sont plantés de beaux arbres ; tout contribue à donner à cette vieille cité un aspect à la fois pittoresque et riant, qui devient vraiment grandiose dès qu'on gravit l'une des hauteurs environnantes, le *Calvaire* ou le *Jardin des Plantes*. Alors on aperçoit l'ensemble des maisons neuves et des constructions anciennes, égayées çà et là par une masse de verdure, dominées par la cime des mâts ou la flèche pointue de quelqu'une des nombreuses églises qui embellissent la ville.

vapeur fait le service du Havre tous les jours ; les prix sont de 6 fr. et de 5 fr.

Hôtels. — Les principaux hôtels de Caen sont ceux de : *France*, d'*Espagne*, d'*Angleterre*, de la *Place Royale*, de *Londres*, *Saint-Pierre*, du *Calvados*, etc.

Caen possède en effet de très beaux monuments. Parmi les plus célèbres, citons seulement :

Les deux abbayes *Abbaye aux hommes* ou *Saint-Étienne*, *Abbaye aux femmes* ou *Sainte-Trinité*, fondés vers 1060 par Guillaume le Conquérant et sa femme Mathilde de France, pour obtenir l'absolution du pape qui n'avait pas voulu valider leur mariage. La première de ces églises, l'un des plus curieux édifices de la Normandie, possède une façade romane, deux tours de 90 mètres et une tour centrale moins élevée : quatre tours plus petites flanquent les murs de l'abside ; la nef et les ornements intérieurs sont tout aussi remarquables. *Sainte-Trinité*, construite dans le même style, présente le même intérêt et les mêmes beautés architecturales ; toutes deux sont classées parmi les monuments historiques.

L'église Saint-Pierre, église gothique du XIV° siècle, beaucoup plus riche et plus ornée, se termine par une flèche de pierre sculptée à jour, haute de 70 mètres (monument historique).

Les églises *Saint-Jean* (monument historique) et *Saint-Sauveur* (XIV° siècle), l'*église de Vaucelles*, bâtie dans un faubourg élevé, l'*église de la Gloriette* (XVII° siècle), *Vieux-Saint-Étienne* et *Saint-Nicolas* terminent la liste des monuments religieux de Caen.

Les autres curiosités de la ville sont le vieux *château* de Guillaume le Conquérant, l'*hôtel de ville* (XVII° siècle), le *Lycée*, un des plus beaux de toute la France, établi dans les bâtiments de l'ancienne Abbaye aux Hommes ; les hôtels de *Valois*, des *Monnaies* et de *Than* (XVI° siècle) ; le Musée et la Bibliothèque sont intéressants à visiter ; enfin Caen pos-

Abside de l'église Saint-Pierre à Caen.

sède une *Université* dont les bâtiments n'ont rien de remarquable, mais qui la classe parmi les villes de science et d'étude.

Port de Caen-Ouistreham.

Le port de Caen communique, par le canal de l'Orne et le canal latéral à l'Orne, avec le port de *Ouistreham* ou *Ayestreham*, petite ville qui fut jadis un centre maritime important. L'Orne, dont l'embouchure formait un grand delta, a causé l'ensablement de cette partie de la côte et ruiné le commerce de Ouistreham ; pour établir le canal de Caen, il a fallu exécuter des travaux considérables, revenant à plus de 10 millions de francs, dont l'ensemble constitue aujourd'hui un beau port, d'un mouvement de 200,000 tonnes environ.

Deux jetées, protégées par cinq phares et laissant entre elles un espace de 40 mètres, forment l'entrée du port de Ouistreham ; le chenal donne accès dans un avant-port de 15,000 mètres carrés, puis dans un port d'échouage (40,000 mètres carrés environ) et de là, par une superbe écluse à sas de 100 mètres de longueur et de 16 mètres de haut, dans le canal maritime, latéral à l'Orne et long de 14 kilomètres, qui aboutit à la ville de Caen. Alors il s'élargit en un bassin de flot, de forme rectangulaire, bordé de quais où viennent se ranger les navires. Un autre bassin plus grand est destiné à recevoir le surplus des marchandises très nombreuses que l'Angleterre et les autres pays d'Europe importent à Caen.

Le port communique par deux écluses avec l'Orne, canalisée de son côté et servant spécialement à la navigation des paquebots, tandis que le canal maritime est le chemin des navires de commerce.

Plusieurs bassins de chasse ont été établis à Ouistreham pour combattre l'ensablement du port.

« La ville de Caen, où se trouvent de si beaux monuments historiques..., la visite du port des travaux d'aménagement des eaux de l'Orne et celle du canal maritime qui traverse les prairies les plus splendides; une promenade de 14 kilomètres qui permet de suivre, dans la même vallée, le canal à niveau constant et les bords de l'Orne où coulent à la fois les eaux douces et celles de la mer par le flot ou par le jusant; les ponts, et surtout celui de Granville; les grands travaux d'Ouistreham; enfin la vue de la côte et de ses atterrissements, des anciennes bouches de l'Orne et de la nouvelle, de la lutte constante de l'homme contre les sables et contre la divagation des eaux ; tous ces éléments se réunissent pour placer le port de Caen-Ouistreham en tête des curiosités que présente la ligne de côtes suivie depuis l'estuaire de la Seine. » (Amédée BURAT, *Côtes de France*.)

Le commerce de Caen consiste surtout, pour l'importation, en cotons, engrais, fonte, fer, houille, sel marin, sel gemme, colza d'Allemagne, vins, eaux-de-vie, sucre, café, etc.; l'exportation comprend les bestiaux, les produits du pays, beurre, fromage, œufs, grains et fruits ; les pierres, la corne et l'os, très abondants à cause du bétail qui paît dans les belles prairies du département.

Promenades et Excursions.

Sans compter les boulevards, les *cours Montalivet* et *Caffarelli*, le beau *champ de course*, le *Jardin des plantes*, qui font partie de la ville, les environs de Caen offrent de nombreuses promenades, toutes faciles et intéressantes.

Tout près du faubourg Saint-Gilles se trouve la *Maison des gendarmes*, vieux donjon seigneurial datant du xve siècle, ainsi nommé de deux statues de pierre qui décorent l'une de ses tours. *Saint-Germain-la-Blanche-Herbe* (2 kilomètres de Caen), petit village de 200 habitants, possède l'*abbaye Dardaine* ou plutôt d'Ardennes (xiie-xive siècle), dont l'église, en partie détruite, est un beau spécimen de l'art ogival. — *Saint-Contest*, autre hameau des environs, renferme une église ancienne; *Louvigny*, situé d'une façon pittoresque, contient un parc splendide au milieu duquel s'élève un château du xviie siècle. — *Allemagne* est remarquable par le clocher roman de son église et surtout par ses carrières de pierre d'où l'on a retiré des curiosités géologiques. — *Fontaine-Étoupefour*, enfin, se groupe autour d'un vieux château du xve siècle, très bien conservé.

A Ouistreham, on admire une très belle église, classée parmi les monuments historiques, dont la tour majestueuse et la façade décorée de quatre ordres superposés sont une preuve que la petite ville a connu de plus beaux jours; des restes de camp, de voie romaine, de sculptures antiques ont été découverts près de là ; les petits villages de *Merville*, de *Sallenelles*, de *Blainville*, d'*Amfreville*, de *Lebisey* ont quelques églises et des châteaux intéressants.

Stations balnéaires des environs.

De Caen, on peut se rendre à toutes les stations balnéaires depuis *Houlgate-Beuzeval*, *Dives*, *Cabourg*, *le Home*.

HOULGATE-BEUZEVAL

Houlgate et Beuzeval sont deux localités tellement voisines que les dernières villas de l'une touchent les premières maisons de l'autre. Houlgate est l'un des points les plus fréquentés de cette partie du litto-

PARCOURS. — De Paris à Trouville, et à Beuzeval, ou de Paris à Mézidon et à Beuzeval.
MOYENS DE TRANTPORT. — Omnibus à la gare. Voitures publiques pour Villers. — Voitures de louage, chevaux et ânes.
HÔTELS. — Grand hôtel d'*Houlgate* et *Beauséjour*, maison de premier ordre ; hôtels de la *Plage*, de la *Mer*, de *Paris*, *Imbert*.

ral; c'est un ancien village de pêcheurs, situé dans la petite vallée du *Drochon* et dont la vogue a été aussi rapide que celle de toutes les plages normandes ; depuis 1859, on a vu s'élever deux églises, un hôtel, un casino, de gracieux chalets, entourés de jardins fleuris ; ces habitations bordent la côte, escaladent les falaises, s'abritent au fond du vallon où coule le Drochon entre des gazons verts, des mousses et des myosotis ; du haut de la côte, on jouit d'une plus belle vue ; le long du ruisseau, on est plus à portée des nombreuses promenades qu'offrent la plaine et la plage.

Beuzeval ne présente aucune particularité qui puisse le distinguer d'Houlgate, si ce n'est peut-être un peu plus de simplicité, due à la distance qui sépare la plage de Beuzeval du casino bâti sur celle d'Houlgate. Il existe en effet deux plages distinctes, deux belles plages de sable, admirablement aménagées.

C'est surtout au point de vue des environs que le séjour d'Houlgate-Beuzeval est agréable. L'excursion la plus intéressante à signaler est celle du *Chaos*, qu'on appelle aussi le Désert. C'est un amas de roches de toutes les formes et de toutes les grandeurs, provenant de l'éboulement des falaises recouvertes

Nombreuses maisons et appartements meublés à louer, prix variables, moins chers qu'à Trouville, mais plus chers qu'à Villers.

CASINO ET ÉTABLISSEMENT DE BAINS DE MER. — Abonnement au Casino, 100 fr. pour la saison par personne ; réduction pour familles. L'abonnement ne donne pas droit aux grands bals.

Bains de mer, bains chauds et hydrothérapie.

Plage d'Houlgate.

d'une végétation folle et entassées dans un désordre pittoresque ; on s'y rend en longeant la falaise qui conduit à Villers.

DIVES

Dives, bourg de 600 habitants, est situé à l'embouchure de la Dives. C'est de là que partit Guillaume le Conquérant lors de l'expédition de 1066 ; on sait que ses vaisseaux, poussés par le vent vers Saint-Valery-sur-Somme, furent obligés d'y atterrir pour attendre un temps plus favorable ; ce fait explique l'erreur des historiens qui, jusqu'à Augustin Thierry, persistèrent à faire de la baie de la Somme le lieu de ralliement de la flotte normande. Une colonne commémorative a été élevée, en 1861, sur l'une des collines qui dominent Dives, pour perpétuer le souvenir de ce grand événement historique.

L'église de Dives, consacrée à *Notre-Dame*, fut fondée au XIe siècle ; c'est un de nos monuments historiques ; la nef, les bas côtés, les fenêtres à ogives datent du XIVe et du XVe siècle ; les proportions de cet édifice démontrent l'évidence des assertions qui attribuent à l'ancien port de Dives une importance relativement grande. Il s'est passé là un phénomène inverse de celui qui se produit dans la partie nord de la Manche : la mer, au lieu d'empiéter sur la côte, a reculé de plusieurs kilomètres ; les dunes, en s'amoncelant, ont déterminé l'ensablement du port, puis la formation de la pointe de Cabourg, qui n'existait pas encore en 1790.

De nos jours, le petit estuaire de la Dives, creusé

et canalisé, sert de port et semble appelé à un meilleur avenir; deux phares le signalent à plusieurs milles au large, et un certain nombre de bateaux à voiles y entrent chaque année. La plage, très belle, sert de rendez-vous aux touristes des stations environnantes; la vie y est douce et facile; outre la ville elle-même, qui renferme de curieuses maisons anciennes du XIV° siècle, l'*Hostellerie de Guillaume le Conquérant*, la campagne abonde en jolies excursions. Citons seulement les falaises, le *Pavé*, ancienne route montueuse au point culminant de laquelle on jouit d'un des plus beaux panoramas de la côte normande; les hameaux voisins, *Douville*, renfermant une église du XII° siècle et un château du XVIII°; *Trousseauville* dont l'église ruinée, gracieusement enfouie sous le lierre, protège la petite source dite *Fontaine Saint-Laurent* où les croyants obtiennent la guérison des maux d'yeux; *Brucourt*, possédant aussi une source renommée, mais dont les propriétés ferrugineuses et médicales n'ont rien de miraculeux, *Grangues* (église et château remarquables), la *Croix d'Heuland*, *Bénerville*, et tous les buts d'excursion déjà signalés à Houlgate, Beuzeval et Villers.

CABOURG

Cabourg, situé jadis au milieu de landes incultes, a été défriché, assaini, agrandi jusqu'à former une

PARCOURS. — De Paris à Mézidon et à Cabourg, ou de Paris à Trouville et à Cabourg. — Prix: 1re cl.,	26 fr. 75; 2° cl., 18 fr., 05; 3° cl., 11 fr. 80. MOYENS DE TRANSPORT. — Voitures ou chemins de

véritable ville, très coquette et des plus élégantes; toutes les rues, achevées ou non achevées, aboutissent à une terrasse où s'élèvent un théâtre, un beau casino, d'innombrables villas, hôtels, boutiques de toutes sortes; au pied de cette terrasse, s'étend la plage, longue de près de deux lieues et offrant de grands avantages au point de vue de la commodité, et de la sécurité.

Aucun monument ancien à signaler; l'église, bâtie sur l'emplacement de la vieille chapelle Saint-Michel, date de 1848; les excursions à faire sont presque toutes les mêmes que celles de Dives, situé à 2 kilomètres à peine.

Cabourg s'est élevé très vite, trop vite peut-être; le pays environnant est loin d'être aussi joli que celui de Trouville, du côté d'Ouistreham, ce ne sont que dunes et plaines dénuées de pittoresque; le sable gagne continuellement sur la mer et la beauté de la plage ne suffit pas à compenser la monotonie du paysage. Le prix élevé des locations, la cherté des vivres, conséquences naturelles des énormes dépenses faites pour créer une ville entière, rendent cette station peu accessible aux fortunes moyennes,

fer entre Caen et toutes les villes du littoral jusqu'à Trouville. Voitures particulières, chevaux et ânes.

Hôtels et villas. — Grand hôtel de la *Plage*, hôtel du *Casino*, du *Bras d'Or*. Nombreuses villas, appartements, pensions bourgeoises, le tout à des prix très modérés.

Casino. — Abonnement pour la saison, 40 fr.; entrée pour la journée, 2 fr. Dans ces prix ne sont pas compris les concerts ou représentations du dimanche et du mercredi.

Plage de Cabourg.

et pourraient causer, dans un avenir plus ou moins éloigné, un certain arrêt dans la vogue dont jouissent encore les bains de Cabourg.

HOME-VARAVILLE

Du *Home-Varaville*, situé une lieue plus bas, il y a peu de chose à dire, sinon que cette petite plage prend tous les jours plus d'extension et finira peut-être par détrôner son élégante voisine. Tout près du Home se trouve *Merville*, ancienne redoute qui fut le théâtre, pendant les guerres de Louis XV, d'un fait curieux conservé dans les annales du pays. Un gardien nommé Cabieu, resté seul dans le fort, parvint, grâce à sa présence d'esprit, à éloigner de la côte des vaisseaux anglais prêts à y aborder (1762). (*Le Littoral de la France.*)

LUC-SUR-MER

Luc, bourg de 1,500 habitants, est le centre d'un petit groupe de stations balnéaires situées entre *Cabourg* et *Courseulles*.

La plage de Luc, très fréquentée par les Parisiens, possède un casino et un établissement de bains ; elle est bordée de falaises calcaires peu élevées, creu-

Parcours. — De Paris à Caen, où l'on prend la petite ligne de Caen à Courseulles.

Moyens de transport. — Le chemin de fer conduit aux stations voisines.

Hôtels et villas. — *Belle-Plage*, du *Petit Enfer*, de *Paris*, de *Sainte-Hélène*.

sées du côté de Lion en grottes naturelles et abondant en polypiers; une rade en miniature, assez médiocrement abritée, reçoit les bateaux de pêche dont le mouvement constitue toute la ressource commerciale de Luc. Cette partie du Calvados, moins verdoyante et moins pittoresque que celle de la Seine-Inférieure, est beaucoup plus villageoise, plus simple et peut-être plus agréable à habiter pour les gens paisibles.

Il n'existe pas de monument à Luc; l'église ancienne a été entièrement reconstruite, sauf le portail et la tour, en partie romane. Mais d'autres villages voisins, entre autres *Mathieu*, situé à 8 kilomètres, dont l'église est classée au rang des monuments historiques, réservent de jolies excursions aux amateurs et aux artistes. *Douvres*, chef-lieu de canton assez important, renferme aussi une tour remarquable du XII° siècle. Enfin, l'église moderne de *Notre-Dame-de-la-Délivrance*, s'élevant à la place de l'antique chapelle fondée au VII° siècle par saint Regnobert, contient une statue de la Vierge, considérée comme miraculeuse, que de nombreux pèlerins normands viennent tous les ans visiter en grande pompe.

De Luc-sur-Mer, on circule, dans un rayon de 8 kilomètres à peine, le long de la côte où s'espacent diverses petites plages : *Lion-sur-Mer, Langrune, Saint-Aubin, Bernières* et *Courseulles*.

LION-SUR-MER

Situé à 3 kilomètres nord-est de Luc, est bâti moitié sur une hauteur, moitié dans la plaine; le village en lui-même n'a rien de pittoresque, mais il possède un très beau château du XVIe siècle, dont les toits pointus et les tourelles hardies dominent tout le pays. L'église, remaniée de nos jours, a encore une tour du XIe siècle et quelques parties un peu moins anciennes.

La plage, longeant la partie du village appelée le *Bas-Lion*, est remarquablement belle et spacieuse; on y découvre une grande étendue de mer. Lion, de même que Luc, commence à prendre rang parmi les stations balnéaires du Calvados.

La principale industrie du bourg est la fabrication de la *dentelle de Bayeux*, fabrication à laquelle se livrent presque toutes les femmes et les jeunes filles des environs.

LANGRUNE

(1 kilom. et demi sud-ouest de Luc-sur-Mer) est une très petite plage dont l'église, assez belle, remonte au XIIIe siècle; c'est au large de cette localité que commence, par l'écueil appelé les *Essarts de Langrune*, la série de rochers qui a donné son nom au département : les *Calvados*. Ce banc calcaire, large de 3 kilomètres, long de 16, s'arrête vers Arromanches, au rocher nommé *Tête du Calvados*; presque entièrement recouverts à marée haute, les points culminants de la chaîne émergent dès que les eaux se retirent, laissant entre eux des passes appelées *fosses* et *anneaux* par les habitants de cette côte dangereuse. Il faut une grande habi-

leté pour manœuvrer à travers ces récifs, où, en 1588, vint se briser la flotte espagnole équipée par Philippe II pour une descente en Angleterre.

SAINT-AUBIN

Dont les maisons bordent la plage, doit être l'emplacement d'un ancien bourg romain, à en juger par le grand nombre de médailles et de fragments antiques qu'on a découverts au pied des falaises.

BERNIÈRES

Où l'on trouve aussi des vestiges de constructions romaines, est surtout remarquable par son église, vaste construction des XIe, XIIe et XIIIe siècles, surmontée d'une tour délicatement sculptée et haute de 67 mètres. Ce bourg, qui ne possède pas d'établissement de bains, renferme un parc aux huîtres.

COURSEULLES

A l'embouchure de la Seulles, de beaucoup la plus importante de toutes ces stations sinon au point de vue balnéaire, au moins au point de vue commercial, est un véritable port, rendu accessible par une large passe, la *Fosse de Courseulles*, qui existe entre les rochers. Il comprend un chenal, un avant-port, un bassin à flot, et est précédé de deux phares qui en protègent l'entrée; le mouvement commercial de ce petit port s'élève à 50,000 tonnes; les principaux articles d'exportation sont la dentelle fabriquée dans le pays et les huîtres, dont l'élevage se fait à Courseulles sur une grande échelle.

Chaque année, au mois d'août, les parcs, mesurant une quinzaine d'hectares de superficie, reçoivent plus de 7 millions d'huîtres, importées d'Angleterre ou envoyées des plages voisines, notamment de Saint-Vaast, et même d'Arcachon. Une fois triés et nettoyés, puis soumis à une véritable éducation destinée à en faciliter le transport, les mollusques sont livrés à la consommation. La quantité d'huîtres ainsi exportées, provenant tant de Courseulles et de Bernières que d'autres localités, s'élève parfois à plus de 20 millions.

Les bains de Courseulles sont très assidûment fréquentés, et ce bourg est un des plus confortables et des plus riches de la côte. Le *château* n'offre rien de très remarquable; mais ceux de *Fontaine-Henri* et de *Creully*, situés dans les environs et datant, le premier de la Renaissance, le second du xii° siècle, méritent une longue visite, ainsi que les ruines du *prieuré de Saint-Gabriel*, vieille abbaye du xi° au xv° siècle.

BAYEUX

Bayeux, le *Baïocassium* des Romains, l'ancienne capitale du pays Bassin, aujourd'hui sous-préfecture du Calvados, est une ville d'environ 9,000 habitants, située dans la vallée de l'Aure inférieure.

Bayeux a subi de nombreuses vicissitudes; riche et florissante jusqu'à la fin du XI° siècle, époque à laquelle les ducs de Normandie devinrent rois d'Angleterre, cette ville fut, en l'espace de deux siècles, brûlée trois fois par Henri Ier d'abord, puis, en 1346, par les soldats du roi de Navarre; les Anglais la prirent en 1417, et les guerres de la Ligue y jetèrent le trouble et la désolation.

Bayeux, cité pittoresque par ses vieilles rues et ses maisons anciennes, a gardé un aspect froid et triste; la cathédrale flanquée de deux tours romanes autour desquelles s'étagent les productions de l'art ogival, est fort belle et très appréciée des artistes: des rues entières sont bordées d'hôtels Renaissance ; Louis XIII et Louis XIV, de maisons du

PARCOURS. — De Paris, gare Saint-Lazare, 269 kilom. — Prix : 1re cl., 30 fr. 15; 2° cl., 20 fr. 35; 3° cl., 13 fr. 25.
MOYENS DE TRANSPORT. —
Omnibus à l'arrivée. Voitures conduisant à Balleroy. Pour promenades et excursions, voitures chez des loueurs.
Les environs desservis par

xiv°, du xv° et du xvi° siècle, les unes en bois, fouillées de mille sculptures, les autres en pierre, d'allure plus sévère et plus simple. Enfin, la bibliothèque de la ville renferme une curiosité unique au monde : la célèbre *tapisserie* dite *de la reine Mathilde*, ouvrage datant du xi° siècle, où sont brodés, avec la naïve exactitude et la consciencieuse gaucherie des dessinateurs de l'époque, plus de 600 personnages, les uns isolés, les autres réunis par groupes; des chevaux, des vaisseaux, précieux documents pour nos annales maritimes; des arbres, des villes et des châteaux, le tout destiné à représenter, sur une longueur de 70 mètres, l'histoire de la conquête de l'Angleterre par Guillaume le Bâtard. Des inscriptions latines complètent le sens des tableaux, et d'innombrables figures décoratives ou fantastiques courent le long des bordures.

Bayeux occupe un certain nombre d'ouvriers à des manufactures de porcelaine, et les femmes se livrent à des travaux de dentelles et de broderies; les environs sont agréables, et non loin de là se trouve *Littry*, où l'on exploite, depuis le siècle dernier, d'importantes mines de charbon.

Bayeux, quoique situé à une dizaine de kilomètres dans les terres, peut être considéré comme le centre des quelques stations maritimes qui commencent à partir de Courseulles. Ce sont : *Ver-sur-Mer*, *Asnelles*, *Arromanches* et *Port-en-Bessin*.

des diligences sont: Arromanches, Port-en-Bessin, Trévières, Asnelles.

HÔTELS. — Les hôtels de Bayeux sont ceux: du *Luxembourg*, grand hôtel *Achard*, du *Lion d'Or*.

VER-SUR-MER

N'a d'autre intérêt que son église surmontée d'un très beau clocher et quelques constructions féodales; un phare de troisième ordre y a été établi.

ASNELLES

Surnommé la *Belle-Plage*, est situé en face des rochers du Calvados, où l'on va pêcher à l'époque des grandes marées; ce petit village possède une grève remarquable par son étendue et la vue qu'on en découvre; une terrasse, de nombreuses maisons de plaisance, de beaux hôtels y ont été bâtis en quelques années, et semblent promettre un certain avenir à la station d'Asnelles, pourvue d'un petit quai où viennent s'amarrer les barques de pêche.

ARROMANCHES

Un peu plus fréquenté que les plages voisines, est situé à 10 kilomètres de Bayeux, entre des falaises assez pittoresques; ce village possède une église du XII° siècle, remaniée de nos jours, et un aqueduc romain en ruines qui prouve que cette partie du pays Bessin a eu autrefois une certaine importance.

Parcours. — De Paris à Bayeux, où l'on trouve la voiture de correspondance pour Arromanches.

Hôtels et villas. — Il existe à Arromanches quatre hôtels où l'on peut prendre pension, et un grand nombre de villas et appartements.

Une salle de bal qui sert de casino, est installé dans un café.

Des travaux ont été exécutés de façon à assurer l'abri d'un port aux nombreux bateaux qui reviennent de la pêche du hareng. De même qu'à Courseulles, il existe entre les écueils un passage appelé *Fosse d'Espagne*, qui permet aux marins d'atteindre sans danger l'échouage d'Arromanches.

Le long de la côte, qui devient rocheuse, il existe des grottes, des carrières, et un curieux monolithe connu sous le nom de la *Demoiselle de Fontenailles*. C'est un bloc de calcaire jurassique, haut de 30 mètres, et tellement creusé par les flots à sa base, qu'il semble posé là de main d'homme, tandis que c'est simplement un morceau de falaise isolé peu à peu par l'action de la mer, de la côte dont il faisait partie. Deux autres massifs pareils existaient autrefois, et, en 1834, les *demoiselles* étaient encore au nombre de deux; la dernière s'écroulera vraisemblablement, quoiqu'on ait tâché d'en prévenir la destruction.

Nous retrouvons ici le même effet qu'au cap de la Hève, où la mer gagne sans cesse sur la côte; à Arromanches, il a été constaté que le flot avance d'un peu plus d'un mètre en deux ans.

PORT-EN-BESSIN

Autrefois port de Bayeux, fut un point important de la côte au temps de la conquête romaine; de

De Paris à Bayeux, où l'on trouve la voiture de correspondance.
On trouve, à Port-en-Bessin, trois hôtels et des chambres meublées. Peu de maisons à louer.

nombreux vestiges de cette époque ont été retrouvés dans les environs. Aujourd'hui c'est un bourg assez florissant, situé au pied de falaises jurassiques stratifiées, dont la mer a foré en quelque sorte la base de façon à former de véritables arches.

Une église peu intéressante, un pont très remarquable, presque enfoui sous la terre et remontant à une époque indéterminée, voilà, avec les ruines antiques dont nous parlions tout à l'heure, les seuls monuments du passé qui existent à Port-en-Bessin.

La plage, quoique couverte de galets, possède un établissement de bains assez suivi. Quant au port, il était tout indiqué par une fissure naturelle des bancs du littoral ; il se compose d'un bassin compris entre deux môles de 450 mètres de long ; on construit un second bassin plus grand pour contenir les navires à voiles qui viennent y chercher un refuge ; ce port, d'ailleurs, est peu sûr et mal abrité.

A 3 kilomètres environ de Port-en-Bessin se trouvent les Fosses du Soucy, théâtre d'un intéressant phénomène qui mérite d'être étudié.

Deux petites rivières, l'Aure supérieure et la Dromme, prennent leur source l'une à 60 kilomètres, l'autre à 40 kilomètres de là ; arrivées près de la commune de *Maisons*, elles rencontrent deux collines élevées, le mont Cauvin (60 mètres) et le mont Escure (70 mètres qui se rejoignent à près de 20 mètres au-dessus du niveau de la plaine ; l'Aure et la Dromme, après s'être divisées chacune en deux bras, s'arrêtent à la base de cette sorte de plateau qu'elles ne peuvent franchir. C'est alors que se produit le phénomène. Le sol, en cet endroit, est spongieux, sillonné de mille fentes imperceptibles.

Chacun des quatre bras de rivière, après s'être infiltré à travers la marne et la vase, disparaît presque subitement dans une *fosse*. Il existe quatre de ces fosses. Celle du bras occidental s'appelle *Petite-Fosse*; l'eau y tombe sans bruit, soudainement, au milieu des ronces et des herbes. Plus en amont se trouve une île de 100 mètres de long qu'on a nommée *Grande-Fosse*, parce que, quand les eaux sont très hautes, elle se trouve recouverte par la rivière qu'elle absorbe; des observations récentes ont fait découvrir au milieu de la *Grande-Fosse* un orifice « circulaire de 40 centimètres de diamètre environ. Les eaux s'y engouffrent comme dans une bouche d'égout ». (*Le Littoral de la France*.)

Une troisième fosse où l'absorption se fait lentement, porte le nom de *Fosse-Grippesulais*; enfin, le bras oriental aboutit à la *Fosse-Tourneresse*, où l'eau tournoie lentement avant de s'engloutir.

Tout près de Port-en-Bessin, l'Aure et la Dromme reparaissent, la première, sous le nom d'*Aure inférieure*, la seconde sous forme de sources nombreuses appelées *Droues*, qui sourdent au bas des falaises.

GRANCAMP

De Port-en-Bessin à la baie des Weyss, la côte suit une ligne légèrement inclinée vers le nord-ouest,

De Paris à Isigny, où l'on trouve la correspondance. On trouve à Grandcamp des hôtels, quelques maisons et appartements à louer. et un petit établissement de bains.

on y rencontre successivement : *Sainte-Honorine*, qui possède une source pétrifiante ; *Colleville*, célèbre par son beau clocher ; *Saint-Laurent*, *Vierville*, *Saint-Pierre-du-Mont*, et l'on arrive à *Grandcamp*, le dernier petit port du Calvados.

C'est un village de pêcheurs, dont la vaillante population affronte sans cesse les dangers qu'offre la vie en mer, surtout sur cette côte où les lames sont dures ; les maisons mêmes de Grancamp étaient menacées par la violence du flot avant qu'on eût établi un système d'épis à claire-voie destinés à arrêter les galets et à former à la plage une ceinture protectrice. Un phare contribue à faciliter l'abord de cette petite rade, dont les *bains de mer* et la plage sont assez fréquentés.

D'importants parcs à huîtres ont été établis sur le territoire de Grandcamp et sont devenus une source de prospérité pour le pays.

Grandcamp est situé dans la baie dite *baie des Weiss*, ancien delta, aujourd'hui canalisé, où viennent aboutir l'Aurelle, l'Aure, la Vire, la Toute et la Douve. Toute cette frontière du Calvados, jadis marécageuse et malsaine, est devenue l'une de nos régions les plus fertiles et les mieux cultivées, grâce aux nombreux travaux accomplis à l'embouchure des petites rivières côtières, grâce aussi à la *tangue*, engrais naturel que le *raz* de Blanchard dépose sur la grève et qui contient une certaine proportion de phosphate de chaux dû à la présence de nombreux débris de coquille. La Toute et la Vire, endiguées sur une longueur de plus de 10 kilomètres, conduisent la première à *Carentan*, dans la Manche, la seconde à *Isigny*.

« Ces deux entrées, celle d'Isigny surtout, dit M. A. Burat, sont dans des conditions assez favorables, de telle sorte que l'on pourrait entreprendre des travaux d'amélioration de manière à créer dans cette baie un port qui servirait à la fois aux deux villes et serait un port de refuge précieux sur une côte qui en est dépourvue, bien qu'elle soit abritée des vents d'ouest. »

ISIGNY

Sur l'Aure inférieur, affluent de la Vire, est une ville de 3,000 habitants, possédant un port de commerce. Le chenal qui commence aux Weyss de l'Est et qui a une profondeur moyenne de 5 mètres et demi en vive eau, se termine à Isigny par un port d'échouage, avec deux phares, et dont le mouvement annuel est d'environ 16,000 tonnes. Les principaux produits d'exportation sont les bestiaux nourris dans les admirables pâturages de la vallée d'Aure, et le beurre, le plus renommé de toute la France, qu'on expédie chaque année en quantités considérables. La tangue compte aussi pour un chiffre important dans le commerce d'Isigny, ainsi

Parcours. — De Paris, gare Saint-Lazare, 309 kilom. — Prix : 1re cl., 34 fr. 60 ; 2e cl., 23 fr. 35 ; 3e cl., 15 fr. 25.
Moyens de transport. — Omnibus à la gare et voiture pour Grandcamp.
Hôtels. — De l'*Aigle d'Or*, de *France*, de la *Ville de Paris*.

que les moules, les huîtres, le poisson venu de Grandcamp.

Au point de vue artistique, Isigny est peu intéressant ; citons toutefois l'église du XIIe siècle, et la mairie installée dans un ancien château du XVIIIe siècle.

Dans les environs, on doit signaler la belle église de Maisy, remontant au XIVe siècle.

QUATRIÈME RÉGION

PLAGES DE TRANSITION
Roches primitives, grèves ensablées
(CARANTAN AU MONT SAINT-MICHEL)

En suivant la côte de Dunkerque à Carentan, nous avons vu que le relief naturel du sol suivait une ligne inclinée ascendante qui amenait peu à peu les terrains inférieurs à la surface du sol : c'est ainsi qu'en approchant de la Bretagne on voit émerger peu à peu le terrain primitif, c'est-à-dire éruptif, composé de granit, de schiste, de gneiss, etc.

La presqu'île du Cotentin forme une région de transition où le calcaire jurassique se mélange aux roches métamorphiques qui commencent à affleurer le sol. De Carentan à la Hague, qui forme la pointe extrême du département de la Manche, les alternances sont visibles ; mais, à partir de ce cap, on peut dire que nous sommes en pleine Bretagne au point de vue géologique. Au lieu des lignes obtuses et rentrantes des côtes de Normandie, apparaissent les caps aigus, massifs qui s'avancent au loin dans la mer et limitent d'admirables anses dont les dentelles rocheuses donnent au paysage un imprévu et un pittoresque inconnus des touristes qui ne se sont pas rendus à ces points privilégiés.

Un des principaux caractères des plages qui bordent tout le Cotentin est la présence de calcaires phosphatés dans les sables, la proportion de ces minéraux est suffisante pour en faire un excellent engrais dont on se sert pour amender les terres, ce caractère qui est au maximum dans la baie de Cancale où les *tangues* (c'est le nom donné aux exploitations de cet engrais naturel) sont exploitées d'une façon particulièrement active, se retrouve d'ailleurs, mais moins manifeste, sur toute la côte bretonne.

Toutes les grèves, depuis la baie des Weyss jusqu'au Mont Saint-Michel, sont ensablées, et des dunes tendent à s'y former dès que des anses un peu profondes sont découpées dans la falaise. On retrouve là les mêmes phénomènes que nous avons décrits dans le Nord, ils sont dus à l'action combinée des vents et des courants intenses qui rasent la côte et tendent à y déposer le sable entraîné tout le long de leur parcours. Ces sables sont surtout gênants sur la côte ouest du Cotentin et ils ne contribuent pas peu à rendre le séjour de ses plages peu agréable. Aussi, à part Granville et ses environs immédiats, ne trouve-t-on pas dans cette région de véritable station balnéaire.

Après avoir traversé la baie de Weyss à Isigny, on trouve immédiatement en face le petit port de Carentan où se fait un commerce assez actif de produits comestibles, beurre et œufs. Placée au fond d'une baie sablonneuse, cette petite ville n'offre rien de bien pittoresque.

Plus loin on trouve la plage de Quinéville, située à 14 kilomètres de Valognes; des hauteurs qui la dominent, on jouit d'un admirable panorama sur toute la baie.

A quelques kilomètres de Quinéville, s'ouvre la rade de la Hougue-Saint-Waast, la seule capable de servir de refuge dans cette région avant la création de Cherbourg. C'est en face de ce port qu'eut lieu, en 1692, la désastreuse bataille navale livrée par l'amiral de Tourville contre les flottes combinées de l'Angleterre et de la Hollande. Tourville croisait entre Barfleur et la Hougue avec 44 vaisseaux, quand il fut entouré par les flottes ennemies fortes de 120 bâtiments. L'issue du combat était malheureusement certaine, mais l'amiral français avait

Valogne.

l'ordre de combattre quand même. Aussi, malgré une lutte désespérée, la flotte de Tourville fut battue et terriblement maltraitée. Il tenta, pendant la nuit, de fuir avec ce qui restait de ses vaisseaux; mais il ne put s'échapper et rallier Brest comme il l'espérait, et fut contraint de revenir à la Hougue avec 12 navires de haut bord, qui durent s'échouer. Les équipages défendirent leurs épaves avec un courage au-dessus de toute description, pendant trois jours entiers; mais, malgré ces efforts héroïques tous les bateaux furent incendiés, et il ne resta pas un seul navire de toute la flotte française, après un combat qui avait duré cinq jours, du 29 mai au 2 juin.

C'est alors que Vauban fut chargé d'étudier la création d'un port sur cette région inhospitalière: on avait le choix qu'entre Barfleur et Saint-Waast de la Hougue.

Saint-Waast est un petit port d'échouage abrité par l'île Tahitou, trop rapproché de la côte pour permettre la création d'une rade, de plus la mer se retire à plus d'un kilomètre. Quant à Barfleur la situation n'est pas meilleure. Vauban renonça donc à profiter des travaux déjà commencés dans ces deux villages et porta ses recherches plus haut où il trouva la syrte de Cherbourg.

16

CHERBOURG

Cherbourg, grand port militaire, situé à l'extrémité septentrionale de la presqu'île de Cotentin, entre les pointes de Barfleur et de la Hague. Aujourd'hui sous-préfecture du département de la Manche et préfecture maritime, ville de 37,000 habitants.

Historique.

Cherbourg est une ville de création récente dont le passé offre peu d'incidents remarquables; les Anglais la prirent plusieurs fois pendant la guerre de Cent Ans; le désastre de la Hougue (1692) eut lieu après la destruction du fort, ordonnée par Louis XIV; en 1758, les Anglais y descendirent de nouveau et saccagèrent le port en formation. Depuis un siècle à peu près, on a commencé de gi-

PARCOURS. — De Paris, gare Saint-Lazare, 371 kilom. Prix: 1re cl., 41 fr. 55; 2e cl., 28 fr. 05; 3e cl., 18 fr. 30.

MOYENS DE TRANSPORT. — Tous les trains sont desservis par des omnibus. On trouve en ville, chez des loueurs, des chevaux et voitures pour promenade. Le prix de la course est de 2 fr. dans la ville et 5 fr. hors des murs.

gantesques travaux, terminés seulement en 1858, et qui font de la rade de Cherbourg une des plus belles œuvres qu'ait créées la main de l'homme.

Aspect et monuments.

L'aspect de Cherbourg, sérieux et un peu triste pour qui parcourt les rues de la ville devient pittoresque et vraiment grandiose quand on gravit l'une des hauteurs qui la dominent, le *fort du Roule*, par exemple, point culminant des collines environnantes; on voit alors s'étendre à ses pieds la partie est de la ville, le port de commerce et les quais; plus loin, on aperçoit les abords du port militaire, que l'on pourra contempler dans son ensemble en se transportant au sommet d'un des forts de l'ouest.

En fait de monuments historiques, Cherbourg ne possède rien ou presque rien; l'*église de la Sainte-Trinité*, qui date du XVe siècle, a été remaniée de nos jours; toutes les autres églises sont modernes, ainsi que l'hôtel de ville contenant le musée et la bibliothèque, le collège, l'hôtel-Dieu et le théâtre,

Les environs de Cherbourg sont desservis en grand nombre par des voitures publiques. On peut visiter ainsi Barfleur, Gatteville, Saint-Pierre-Eglise, Tourlaville, Saint-Vaast-de-la-Hougue, Fermanville, Beaumont-Hague, Anderville, Jobourg, Saint-Germain-des-Vaux, les Pieux et Diélette.

BATEAUX. — Dans le port, on peut se procurer des

Statue de Napoléon à Cherbourg.

assez belle salle décorée par M. Clairin. Sur la place d'Armes se dresse une statue équestre de Napoléon Ier.

Port.

Le port de Cherbourg résume en lui toute la ville; ce port, le premier de notre marine de guerre, mérite d'être décrit en détail.

Au point de vue de la situation, on ne pouvait pas choisir sur toute la côte normande une anse mieux abritée que celle au fond de laquelle s'ouvre Cherbourg; le cap de la Hague, s'élevant vers l'ouest à plus de 180 mètres d'altitude; les baies nombreuses qui se creusent aux alentours, la profondeur de la mer en cet endroit, toutes ces conditions se réunissent pour protéger l'entrée de la rade.

Cependant il a fallu des peines infinies pour réaliser les admirables résultats de l'entreprise. La côte, presque entièrement granitique, était dure à travailler; la violence des courants rendait très difficile la construction d'une digue. Car c'est la digue qui constitue à elle seule rade de Cherbourg; sans elle, les vaisseaux seraient exposés à toutes les fureurs de la mer; on le voit bien quand, par le gros temps, la lame écume et jaillit en grondant derrière

barques pour excursions. Prix à forfait.
Des bateaux à vapeur font le service pour le Havre, deux fois par semaine, et pour l'Angleterre (Londres et Southampton), deux autres fois par semaine. Un service est établi aussi pour visiter les îles de la Manche: Aurigny, Guernesey et Jersey.

une barrière infranchissable, tandis que le bassin reste relativement calme. Aussi a-t-il fallu s'y reprendre à trois fois pour obtenir, sur une longueur de près de 4 kilomètres, une jetée légèrement infléchie, défendue par trois forts, et construite tout entière en blocs de quartz et de granit consolidés par du béton. Cette jetée est couronnée d'une muraille de plus de 10 mètres de haut, et laisse entre chacune de ses extrémités et les côtes est et ouest de la baie, deux passes de différente largeur; l'une, celle de l'est, la plus petite, n'a que 500 mètres; l'autre, deux fois plus étendue, sert de route aux grands cuirassés.

Le port militaire composé d'un avant-port et de deux bassins à flot, le tout comprenant 20 hectares de superficie et pouvant atteindre une profondeur de 15 mètres, a nécessité l'extraction de 2 millions de mètres cubes de matériaux, employés ensuite à la construction de la digue. Sept phares échelonnés le long de la côte, de la digue et des îles, trois redoutes et sept forts, contenant de fortes batteries, complètent cet ensemble imposant qui a fait dire à J.-J.-Baude:

« Créer sur une mer tumultueuse et toujours couverte de navires une rade sûre et profonde, creuser dans le roc un vaste port, poser en face des

HÔTELS. — Les principaux hôtels de Cherbourg sont : le grand hôtel des *Bains* et du *Casino*, de l'*Aigle* et d'*Angleterre*, de l'*Amirauté* et de l'*Europe*, de *France*, du *Louvre* et de la *Marine*, grand hôtel de l'*Univers*, etc.

BAINS. — Un établissement de bains fort convenable est ouvert pendant la saison.

arsenaux de l'Angleterre un arsenal capable de faire respecter la côte méridionale de la Manche, ouvrir aux amis un refuge, ménager aux ennemis des échecs, voilà ce que nous avons fait à Cherbourg, et rien de plus grand peut-être ne s'est jamais tenté dans l'intérêt de la paix du monde et de la liberté des mers ». Cette prose d'un autre âge est très sonore mais malheureusement elle ne peint plus la situation réelle. Si Cherbourg a pu à un moment bien court, représenter une défense sérieuse ce n'est plus aujourd'hui qu'un bon port indéfendable et l'on peut-être assuré que les forts de tout ce vaste ensemble, établis à grands frais, ne tiendraient pas douze heures devant une flotte cuirassée. Cherbourg en cas de guerre maritime ne pourrait compter que sur sa défense mobile.

Le port de commerce de Cherbourg, quoique important, puisque le mouvement du trafic dépasse 80,000 tonnes, est loin d'être à la hauteur du port militaire. Il se compose d'un chenal, d'un avant-port de 7 hectares et d'un bassin de 6 hectares; le chenal est maintenu libre par un petit bassin de retenue.

Le commerce de la ville consiste surtout, pour l'exportation, en fers, en bois et minerais. On se livre aussi à la pêche dans cette baie profonde et abondante en poissons de toute espèce.

Si, après avoir parcouru le port et les quais, on trouve peu d'intérêt à rentrer dans l'intérieur de la ville, on peut se dédommager par une visite détaillée aux bâtiments qui contiennent le musée d'artillerie, le musée naval, les salles de modèles, aux divers ateliers de construction, hangars, chan-

Casino de Cherbourg.

tiers de réparations qui entourent le port militaire; ce sont là les vrais monuments de Cherbourg, ceux auxquels cette cité essentiellement guerrière et maritime doit sa véritable physionomie.

La plage de Cherbourg, qui possède un casino et un établissement de bains, ne mérite qu'une simple mention. Les habitants de la ville sont seuls à en profiter. On ne se rend, en effet, à Cherbourg que pour visiter le port, et non pour y faire une saison.

Promenades et excursions.

Parmi les excursions à faire aux environs immédiats de Cherbourg, signalons d'abord, dans l'intérieur des terres, une visite au beau château de *Martinvaast*, aux menhirs de *Cosqueville* et de Saint-Pierre-Église ; de là, on peut rejoindre la mer et longer la baie de l'est à l'ouest, par *Bretteville*, où l'on remarque également un monument druidique, *Tourlaville*, dont le château, gracieux et pittoresque d'aspect, fut, au temps des seigneurs de Ravalet (XVIe siècle), un véritable lieu d'horreur et de perdition. Toute cette partie du Cotentin abonde en vestiges de l'époque celtique, dolmens, allées couvertes, *Pierres-Pouquelées*, comme on les appelle dans le pays.

Parmi les plages qu'on peut compter comme annexes de Cherbourg, citons *Saint-Vaast-de-la-Hougue* et *Barfleur*.

SAINT-WAAST-DE-LA-HOUGUE

Situé sur la côte occidentale du Cotentin, petit port d'échouage, dont le mouvement commercial ne dépasse pas 10,000 tonnes ; cette ville de 3,000 âmes, signalée par un phare, est abritée derrière l'île de Tahitou et défendue par trois forts : Tahitou, la Hougue et Saint-Marcouf. Ce système de défense fut organisé vers la fin du xviie siècle, après le désastre de la Hougue.

Les habitants de Saint-Vaast se consacrent en grande partie à la pêche du hareng et à l'élevage des huîtres ; plusieurs parcs existent aux environs de la ville et reçoivent les mollusques qu'on pêche sur les bancs de la côte à l'époque des grandes marées. Il existe aussi à Saint-Vaast d'importants chantiers de constructions. Enfin, une plage de sable s'étend au pied de la masse imposante formée par les bâtiments du fort de la Hougue.

BARFLEUR

Bourg d'environ 1,100 habitants, était avant le xive siècle un port assez important que les désastres de la guerre de Cent ans ruinèrent à peu près complètement. On y a creusé un bassin d'échouage de 500 mètres sur 80, qui en fait un refuge absolument nécessaire sur cette côte détestable. C'est, en effet, au *raz de Gatteville*, passage dangereux par les écueils qui l'avoisinent, et plus encore par la violence des courants, qu'eut lieu, en 1120, un des naufrages les plus fameux de l'histoire, celui de la *Blanche-Nef*, portant les deux fils du roi d'Angleterre Henri Ier. Depuis cette époque reculée, bien d'autres sinistres ont rendu la pointe de Barfleur tristement célèbre; aussi y a-t-on établi le phare le plus élevé de toute la France. Ce feu, connu sous le nom de phare de Gatteville, a une hauteur de 75 mètres et une portée de plus de 40 kilomètres ; il est de premier ordre et à système tournant.

La ville de Barfleur, fréquentée à cause de ses bains de mer, possède une église du XIIe siècle ; le port exporte et importe 5,000 tonnes à peu près par année ; les principales productions du pays consistent en légumes frais, et principalement en pommes de terre.

Revenons à Cherbourg. Pour se rendre de cette ville au cap de la Hague, on suit la côte vers le nord ; on rencontre d'abord *Querqueville*, dont le fort fait partie de la ligne de défense du port militaire, puis *Nacqueville* et son joli château, et l'on arrive au cap de la Hague, ensemble de falaises granitiques, présentant des déchirures profondes et des sommets élevés dont le principal est le *Nez-de-Jobourg ;* de ce promontoire situé un peu au sud-ouest du cap proprement dit, creusé de belles grottes naturelles et haut de 125 mètres, on jouit d'une perspective splendide sur la mer et les îles normandes. En remontant du côté de la pointe de la Hague, on découvre une autre partie de l'horizon : Cherbourg, la digue, le port, tout l'ensemble enfin de cette vaste rade, sans pour cela perdre de vue Jersey, Guernesey

Phare de Barfleur.

et Aurigny qui se profilent à l'ouest. C'est un des plus beaux panoramas de cette partie de la côte.

Sur un roc isolé dans la mer s'élève le phare de la Hague et d'Anderville, faisant en quelque sorte pendant au phare de Gatteville; c'est que le raz du cap de la Hague porte un nom de sinistre augure : le *passage de la Déroute*, et que les abords de l'île d'Aurigny sont aussi dangereux que la côte de la Hougue.

Au sud du Nez-de-Jobourg, on rencontre la petite station de *Beaumont-Hague*, assez peu intéressante par elle-même, mais aux environs de laquelle on trouve de belles ruines normandes, restes d'un camp retranché de l'époque de Rollon, ou peut-être même antérieures, qu'on désigne sous le nom de *Hague-Dyck*. « A l'aspect des fronts et des profils de la Hague-Dyck, dit J.-J. Baude, il est aussi impossible d'en méconnaître la destination que de se méprendre sur la direction d'une épée quand on en voit la garde ».

Si l'on suit la côte en quittant le cap de la Hague qui termine la presqu'île du Cotentin, les falaises s'infléchissent brusquement au sud formant une longue ligne de granit qui arrête brusquement le courant de la Manche, lequel s'infléchit alors vers le nord en formant le *raz Blanchard*, torrent maritime resserré entre la côte et les îles anglaises et dont la vitesse atteint, par les gros temps, 60 kilomètres à l'heure, celle d'un train express.

Ces conditions hydrologiques donnent au littoral un aspect particulier; la falaise est corrodée par le flot et forme une ligne sombre de murailles découpées seulement par quelques caps et des anses qui sont ensablées par le dépôt des eaux.

Presque immédiatement après le cap de la Hague vient le *Nez-de-Jobourg*, l'anse de Diélette (petit port de pêche), le port et le cap de Flamanville, le cap Carterets qui abrite une petite station de bains de mer, Barneville, fréquentée seulement par les habitants du pays, puis les dunes de Port-Bail, Surville, Saint-Germain et Regneville ; ce dernier situé en avant de Coutances est le plus important au point de vue du commerce local. Tous ces petits ports sont obstrués par les sables contre lesquels la lutte est difficile. Aussi ne peuvent-ils être considérés comme de sérieux abris pour les navires de tonnage un peu élevé.

En quittant Regneville, on aperçoit le roc de Granville situé en face la pointe de Cancale.

GRANVILLE

Granville, chef-lieu de canton du département de la Manche, est situé sur un roc avancé de la côte ouest du Cotentin, à l'embouchure du Bosq.

Historique.

Granville, fondé au xiie siècle par un seigneur normand nommé Grannon, fut agrandi par les Anglais en 1437, repris par les Français en 1443, assiégé par les protestants en 1562, bombardée par la flotte anglaise en 1695 et bloquée en 1793 par les Vendéens, auquel elle résista héroïquement. Un nouveau bombardement eut lieu en 1803, mais cette fois encore les Anglais durent lever le siège.

Deux personnages de la Révolution naquirent à Granville : Letourneur, qui fit partie du Directoire, et l'amiral Pléville, nommé ministre de la marine à la même époque.

Parcours. — De Paris à Granville, 328 kilom. — Prix: 1re cl., 36 fr. 75; 2e cl., 24 fr. 80; 3e cl., 16 fr. 15.

Moyens de transport. — Des voitures publiques desservent régulièrement les petites villes environnantes, Avranches, Saint-

Aspect et monuments.

M. Elisée Reclus, en parlant de Granville, dans la *Géographie universelle*, vante « la beauté de la nature environnante, la hardiesse des rochers sapés à la base par le flot de haute marée et la forme pittoresque de la ville elle-même, dont les hauts quartiers s'élèvent sur un promontoire presque séparé de la terre ferme par un large ravin qui fut jadis utilisé pour la défense. »

Peu de cités maritimes offrent en effet un panorama plus séduisant aux yeux du touriste, lorsque celui-ci, de l'une des collines avoisinantes, découvre à ses pieds la plage, vaste plaine de sable où abondent les baigneurs ; puis, sur l'autre pente d'une chaussée de pierre qui traverse la *Tranchée aux Anglais*, le port autour duquel se groupent les maisons de la Ville-Basse ; au fond du tableau, les remparts de la Ville-Haute dressent leurs murailles sévères, et bien loin vers le sud la côte se profile jusqu'à Cancale, tandis que, de la mer, émerge à l'horizon la silhouette des îles Chausey. « Sous le ciel de la Méditerranée, Granville serait un autre Monaco ; mais sur les rivages normands, combien différente est la nature, avec ses roches grises, ses

---

Pair, Blainville et les villages situés sur le parcours.
C'est de Granville que la traversée de Jersey est la plus rapide, un service a lieu tous les deux jours en été (10 fr. et 6 fr. 25); la traversée dure environ 3 heures. — Des bateaux

flots sombres et violents battus par l'âpre vent de la mer ! » (Élisée RECLUS.)

La population de Granville, issue, suivant les uns, de peuplades ibériques implantées en Normandie ; suivant les autres, d'un croisement des races normande et sicilienne survenu après la conquête des Deux-Siciles par Tancrède de Hauteville, présente un mélange tout particulier de force et de grâce méridionale ; la beauté brune des Granvillaises a de tout temps été célèbre.

Le seul monument remarquable de la ville est l'église, édifice ogival avec des restes de constructions romaines, bizarrement aménagé à l'intérieur.

Port et plage.

Le port de Granville est classé le septième parmi les ports commerciaux de la France ; c'est donc un point maritime d'une assez grande importance.

Protégé par l'extrémité du *Roc* ou *cap Lihou*, sur lequel s'élève un phare, ce port s'annonce par un môle et deux jetées laissant entre elles un chenal de 130 mètres de large, qui aboutit à un port d'échouage de 13 hectares, puis à deux bassins de flots présentant ensemble une surface de 4 hectares. Près de 150,000 tonnes de marchandises y sont

à vapeur desservent Cancale, Chaussey, Saint-Malo et Saint-Brieuc, à intervalles irréguliers.

HÔTELS ET VILLAS. — Beaucoup de villas et appartements meublés ; les principaux hôtels sont ceux : du grand hôtel du *Nord*, des *Trois Couronnes*, de

annuellement importées ou exportées; l'Angleterre envoie plus de 20,000 tonnes de houille ; des autres contrées arrivent les grains, le fer, le sel, le noir animal ; Granville envoie en échange les produits agricoles du pays, le poisson, les huîtres et surtout l'huile de foie de morue, dont la fabrication constitue la principale industrie des habitants.

Un nombre considérable de navires équipés pour la grande pêche se rendent en effet chaque année sur les côtes de l'Islande et de Terre-Neuve, et reviennent à Granville, chargés de 5,000 tonnes environ du précieux poisson.

Granville est situé à l'entrée de la baie de Cancale, au point de jonction de deux courants violents, l'un venant du nord, le long des côtes de Normandie ; l'autre partant de l'est et longeant les côtes de Bretagne ; il s'ensuit de formidables marées, les plus élevées de toute l'Europe ; aux équinoxes, la marée atteint souvent une hauteur de 14 mètres.

La plage, déjà mentionnée, est belle, commode, pittoresque et pourvue d'un établissement de bains possédant un joli casino.

Promenades et excursions.

Les promenades ne manquent pas aux environs de Granville ; on peut visiter les remparts, les deux phares

France, du *Soleil Levant*, des *Bains*.
On trouve à Granville un bel établissement de bains et un petit casino. Abonnement: 30 fr. par famille, 20 fr. par personne seule.

du port, les grottes naturelles, creusées par le flot à la base du cap Lihou et tapissées intérieurement d'une mousse rougeâtre.

Parmi les excursions les plus importantes, citons une visite à la petite plage de *Saint-Pair*, annexe de celle de Granville, et aux *îles Chaussey*, situées à 10 kilomètres au large. Trois villes du département méritent également un pèlerinage : ce sont *Coutances*, *Avranches* et *Pontorson*. Enfin les baigneurs de Granville ne devront pas quitter ce port sans avoir visité le Mont-Saint-Michel et les îles normandes, Jersey, Guernesey, Aurigny et Serck. Ces deux dernières îles sont à tort laissées de côté, car elles renferment, Serck particulièrement, des merveilles naturelles de toute beauté.

SAINT-PAIR. — Village de 1,300 habitants, situé à 4 kilomètres de Granville, sur le flanc d'une colline, non loin du joli petit lac dit *Mare de Bouillon*, est une plage agréable et fréquentée qui ne présente d'autre inconvénient que le grand éloignement de la mer à marée basse.

Saint-Pair possède une ravissante église de la dernière époque romane (XIe et XIIe siècles) et qui renferme les tombeaux de deux évêques, saint Pair et saint Scubilion.

On peut se rendre en moins de deux heures aux falaises de la *pointe de Carolles*, creusées de belles grottes et près desquelles on aurait découvert une mine de cuivre et d'argent.

ILES CHAUSSEY. — De Granville aux îles Chaussey, on se rend en barque ou en bateau à vapeur. Ces îles forment un archipel, dû probablement à un soulèvement volcanique, et qui faisait partie de la côte avant le grand cataclysme de 709. Une seule, la *Grande-Ile*, est habitée par une petite population de pêcheurs et de tailleurs de pierre. L'île renferme en effet de beaux gisements de granit activement exploités.

Au point de vue du pittoresque, les îles Chaussey satisferont pleinement tout voyageur ami des sites agrestes ; ce ne sont que roches entassées, aux découpures bizarres, dressées en équilibre et revêtues d'algues vertes ; plus loin on rencontre des gazons où pousse une floraison sauvage, puis des coins cultivés, avec champs, prairies et jardins potagers.

Les rochers de Chaussey recèlent d'excellents crabes, des homards, et des crevettes renommées appartenant à l'espèce dite *bouquet*.

COUTANCES. — Sous-préfecture du département de la Manche, a vraisemblablement pris son nom de l'empereur Constance-Chlore, qui la fortifia. L'histoire de cette ville est celle de toutes les cités normandes ; du XIe au XVe siècle, les comtes d'Anjou la disputèrent aux rois d'Angleterre ; ces derniers s'en emparèrent pendant la guerre de Cent Ans, puis la perdirent sous Charles VII. Prise quatre fois et saccagée par les huguenots de 1561 à 1566, elle fut troublée, sous le règne de Louis XIII, par la terrible révolte des *Nu-Pieds*. Depuis cette époque, ses annales n'enregistrent aucun fait remarquable.

La grande curiosité de Coutances, c'est la *cathédrale Notre-Dame*, fondée au XIIIe siècle, et dont l'origine douteuse a donné lieu à de grandes disputes archéologiques. Telle qu'elle est, c'est un superbe édifice du style ogival, d'une élégance pleine de sobriété, élevé au

Cathédrale de Coutances.

sommet d'un monticule, et dont les flèches sont si hautes qu'on les aperçoit de la mer.

Les autres monuments de Coutances sont l'aqueduc de 1232, et les églises *Saint-Pierre* et *Saint-Nicolas*, datant respectivement des XIII° et XVI° siècles. De jolies promenades existent à l'intérieur de la ville, et les petits ports de *Montmartin* et de *Regnéville* sont à 10 kilomètres de là. Montmartin a une belle plage et des carrières de marbre ; Regnéville possède un port à demi ensablé par les dunes, un donjon en ruines et une église du XIV° siècle ; on y visite de beaux parcs d'huîtres.

C'est près de Coutances que naquit le grand marin Tourville, dans le château dont il porta le nom.

AVRANCHES. — Ville de 8,000 habitants, sous-préfecture du département de la Manche, dans une situation admirable, au fond de la baie de Saint-Michel.

Avranches fut pendant la période gallo-romaine, capitale du pays des *Abrincatuis* ; après l'apparition du christianisme en Gaule, elle devint évêché et eut plusieurs prélats, notamment saint Aubert qui fonda l'abbaye du Mont-Saint-Michel.

Comme Coutances et toutes les cités voisines, Avranches fut pris par les Normands (IX° siècle), réuni à la couronne (XIV° siècle) repris par les Anglais (XV° siècle) et définitivement reconquis en 1450.

Les guerres de religion l'éprouvèrent beaucoup, à cause de son attachement à la foi catholique ; à deux reprises les protestants y entrèrent et le saccagèrent. La révolte des Nu-Pieds y jeta aussi un grand désordre, et, pendant la Révolution, les Vendéens vinrent sous ses murs.

Jusqu'à la fin du XVIII° siècle, Avranches, posséda une cathédrale romane gothique, monument remarquable, dit-on, qui s'effondra soudainement en 1790 ; on en montre encore les ruines, ainsi que la pierre sur laquelle, suivant la tradition, Henri II d'Angleterre s'agenouilla pour implorer le pardon du clergé après le meurtre de Thomas Becket ; d'autres monuments, restaurés ou reconstruits, offrent assez peu d'intérêt, sauf l'intérieur du *palais épiscopal* qui date du XIV° siècle.

Ce qu'il y a de plus remarquable dans Avranches, c'est la vue merveilleuse dont on jouit, de certains quartiers de la ville, particulièrement du jardin botanique et de la sous-préfecture, sur la baie, le Mont-Saint-Michel, la vallée de la Sélune et de la Sée ; les environs sont forts beaux et fertiles en promenades.

Guy de Maupassant, dans un de ses romans, a célébré la vue vraiment admirable dont on jouit de la place de la sous-préfecture d'Avranches, au coucher du soleil. Cette vue est en effet l'une des plus belles de France.

PONTORSON. — Petit port de 3,000 habitants, à l'embouchure du Couesnon, fut fondé par Robert, père de Guillaume le Conquérant et resta fortifié jusqu'au règne de Louis XIII ; plusieurs souvenirs historiques de Pontorson se rattachent à la famille du Guesclin dont le manoir (de son vrai nom le *Glaquin*) existait tout près de là. On connait l'acte de bravoure par lequel Julienne, sœur du connétable, repoussa les Anglais qui venaient de nuit s'emparer du château.

L'église de Pontorson, dont le retable de pierre est couvert de sculptures du XVI° siècle, date de l'époque romane ; c'est un joli monument, très intéressant à visiter.

ILES NORMANDES

Jersey, Guernesey, Aurigny et Serck.

JERSEY

Est de beaucoup la plus importante des îles de la Manche; elle compte aujourd'hui plus de 56,000 habitants.

Dès les temps les plus anciens, Jersey, qui, du reste, à cette époque, faisait partie du continent, était habitée par les Celtes; ceux-ci l'ont couverte de monuments druidiques dont un certain nombre restent encore à visiter. César la conquit et lui donna, dit-on, son nom, *Cæsarea*, d'où par corruption serait venu Jersey; après les Romains, les Normands s'y établirent et la joignirent à l'Angleterre en allant conquérir celle-ci; depuis, Jersey et

PARCOURS. — On va à Jersey de Granville ou de Saint-Malo, où de confortables bateaux peuvent être pris pour Saint-Hélier. Il existe encore une petite ligne de Carter à Goret; mais si la traversée est courte, elle se fait dans des conditions assez médiocres pour qu'on puisse assurer qu'il y a avantage à préférer les bateaux de Granville ou Saint-Malo qui

les autres îles de la Manche, malgré quelques revendications de la part de la France, sont toujours restées anglaises.

Arrachée, ou plutôt séparée de la Normandie par le grand cataclysme de l'année 709, l'île a depuis été continuellement battue par les flots qui ont découpé ses côtes, creusé des grottes, aplani ses grèves. Le côté nord, fait de roches granitiques, a résisté à l'œuvre destructive et, sur ce point, la côte tombe à pic de cent mètres environ dans l'eau profonde. Du nord au sud, le versant va s'abaissant doucement et les quelques minces cours d'eau qui arrosent l'île coulent vers la baie de Saint-Aubin où se trouve la plus belle plage de sable s'étendant de Saint-Hélier à Saint-Aubin, sur une lieue de longueur. L'est et l'ouest de l'île s'allongent en deux pointes recourbées qui lui donnent l'aspect d'un croissant irrégulier.

La langue normande est restée l'idiome des habitants; les paysans parlent un patois qui ressemble à la langue d'oil des trouvères; mais les Anglais deviennent de jour en jour plus nombreux et leur langue tend à se propager. La population est principalement occupée par la culture et l'élevage des bestiaux; les vaches jersyaises ont une grande renom

font le trajet en 4 heures environ.
Départs de Saint-Malo les *mardis* et *vendredis*, de Granville les *lundis* et *jeudis*, pour Jersey. — Départs de Jersey les *samedis* et *jeudis* pour Saint-Malo, les *mardis* et *samedis* pour Granville.
Prix : 1re cl., 10 fr.; aller et retour, 15 fr.; 2e cl., 7 fr. 50; aller et retour, 10 fr.

mée pour leur lait. Les approvisionnements de viande pour la consommation se font en France.

Saint-Hélier (30,000 habitants) est la capitale de l'île. Elle s'étend sur un grand espace, de sorte que, sauf quelques rues au centre qui sont animées par le mouvement du commerce et des affaires, elle paraît en général triste et déserte. Il y a peu de monuments à visiter; l'église paroissiale date du XIVe siècle; les autres temples, et ils sont nombreux, sont tous modernes et, sauf Saint-Marc, présentent peu d'intérêt.

La Cour royale ou *la Cohue* a été bâtie en 1647 et restaurée de nos jours. Le fort Régent a été construit en 1805 sur une montagne isolée entre la ville et la mer sur lesquels il plane. Victoria-College s'est élevé à la suite d'un voyage de la reine Victoria à Jersey. En citant comme quartiers riches et élégants Trinity-Road et Rouge-Bouillon, nous aurons terminé l'énumération des points intéressants de la ville de Saint-Hélier. Si vous y passez un dimanche, vous saurez ce qu'est une ville anglaise le jour du repos; magasins, tavernes, tout est fermé; c'est une ville morte.

Le port n'est qu'un port de marée, c'est-à-dire que les bateaux ne peuvent y entrer que lorsque la

MOYENS DE TRANSPORT. — Omnibus et cabs à la descente du bateau. — Nombreuses places de voitures en ville. La course, 1 shilling; l'heure, 2 shillings 6 pences. — Chemins de fer de Saint-Hélier à Corbières et de Saint-Hélier à Gorey.
Lorsque la marée s'oppose à l'entrée des steamers dans le port, des bateaux attendent les voyageurs

mer est haute. A marée basse il faut aller rejoindre les navires en canot.

Le château Élisabeth, qui se dresse sur une roche en mer, dans la baie de Saint-Aubin, fait pour ainsi dire partie de la ville à laquelle il est relié par une chaussée en pierre qu'on peut suivre à mer basse. Cette vieille forteresse est d'un aspect pittoresque et décoratif; elle est maintenant presque abandonnée et ne présente pas grand intérêt à l'intérieur; on y montre, comme curiosité, une paire de bottes ayant appartenu à Charles II, qui, par deux fois, vint se réfugier dans ce fort.

Promenades et Excursions.

On peut visiter l'île de deux façons : si l'on vient n'y passer que peu de jours, on devra pour tout voir suivre les excursions organisées par les voitures Fauvel qui, en trois jours, font le tour de l'île. Si l'on a plus de temps devant soi, on pourra, moitié en chemin de fer, moitié à pied, visiter les coins et recoins de ce délicieux pays. En quittant Saint-Hélier et commençant par le côté sud, on suit la baie de Saint-Aubin; après avoir traversé la petite ville de ce nom, ancienne capitale de Jersey, dit-on, défendue par un petit fort sur un rocher en mer, on arrive à la pointe de Noirmont qui

et les transportent avec leurs bagages jusqu'à destination.
On peut louer des bateaux pour promenades et excursions.
Départ tous les jours pour l'Angleterre (Southampton), arrêt à Guernesey.
Un service spécial de voitures d'excursions permet de visiter l'île en trois jours.
HÔTELS. — Les hôtels fran-

limite la baie de ce côté. Lorsqu'on a doublé cette pointe, d'où l'on a une fort belle vue, on rencontre la petite baie du Portelet et celle plus importante de Saint-Brelade. L'église de ce village est la plus ancienne de Jersey et date de 1111. En reprenant le chemin de fer qui traverse le plateau du Qu'envais, on arrive aux Corbières, d'où l'on aperçoit Guernesey et Serck et où l'on trouve un amas de roches découpées et d'îlots souvent inaccessibles ; un phare est installé dans l'un de ces îlots qui rendent la côte fort dangereuse. L'ouest de l'île est formé par la baie de Saint-Ouen, voir le manoir de ce nom, ancienne résidence des Carteret, famille qui fut longtemps toute-puissante à Jersey. En laissant sur la gauche le rocher de Pinnacle, les pointes *Rouges-Nez* et *Gros-Nez*, on arrive à la côte nord qui est la plus découpée et la plus pittoresque. D'abord, après avoir suivi la grève aux Lançons, on voit s'allonger la pointe de Plémont où il faut s'arrêter pour visiter des grottes fort curieuses, visibles seulement à marée basse, c'est une succession de salles ; dans l'une d'elles tombe une cascade. En suivant la côte élevée de 100 mètres en cet endroit, on trouve la grève de Lecq, le val Rouget et l'on arrive à d'autres grottes dont l'une, dite le Trou-du-Diable, ne peut se visiter qu'à l'aide d'une corde ; encore doit-on prendre des précautions, une

çais sont : l'hôtel de la *Pomme d'Or*, de l'*Europe*, de la *Boule d'Or*, du *Calvados*, du *Palais de Cristal*.
De nombreux appartements et maisons meublés sont à louer dans Saint-Hélier et aux environs ; on trouve aussi des pensions dans des familles avec tout le confortable et la tranquillité désirables pour des prix peu élevés. On paye ordinairement à la semaine.

fois arrivé au fond, à cause des trous que renferme la longue galerie que l'on peut visiter. Les pointes et les baies se succèdent sur la côte ; la route la quitte un peu et mène au Mont-Mado où l'on voit des carrières de syénite rose, un chemin ramène vers la côte où l'on visite la baie de Bonne-Nuit, la pointe de Plémont et l'on arrive à la baie de Bouley, la plus importe de cette côte. Après avoir longé l'anse du Sauchet et la baie de Rozel (voir en passant le manoir de ce nom et le jardin dit *tropical*, où sont de beaux mimosas, des eucalyptus et une foule d'arbres exotiques poussés en pleine terre), on suit la baie de Sainte-Catherine et, entre cette dernière et la baie de Grouville, on visite Montorgueil-Castle, château dont l'origine remonte, dit-on, à Robert, duc de Normandie, et dont les rois d'Angleterre Henri V et Henri VII fortifièrent les murs. Le village au pied du château s'appelle Gorey ; on y trouve un fort bon hôtel, comme tout le long de la côte, du reste, dans tous les points à visiter. On peut, en quittant Gorey, reprendre le chemin de fer qui vous ramène à Saint-Hélier en suivant la baie de Grouville, la pointe de la Rocque, la baie de Saint-Clément, la grève d'Azette. Descendez à Georges-Town, la dernière station avant la ville ; à quelques minutes vous trouverez la maison de Victor Hugo, Marine-Terrace, d'où il a daté la plupart des pièces des *Châtiments*. C'est aussi à cette station que l'on doit descendre pour arriver à l'établissement des bains de mer, ou du moins à l'un des établissements. Un autre est ouvert pendant la saison dans la baie de Saint-Aubin.

On peut aussi faire de nombreuses promenades dans l'intérieur de l'île dont les paysages sont verdoyants et fort gracieux. Ce qui frappe dans ces excursions, c'est la grande propreté des routes et chemins qui sont soignés comme des allées de jardins ; en quittant l'île, on emporte donc une agréable impression et de charmants souvenirs.

GUERNESEY

De Jersey, on peut continuer très facilement l'excursion aux îles de la Manche en se rendant à Guernesey et à Serk. De Jersey à Guernesey, il y a des départs tous les jours ; le trajet se fait en une heure trois quarts et le prix est de 6 francs en première classe, 4 fr. 25 en seconde classe ; il y a même des billets d'aller et retour qui baissent encore ce prix assez minime.

Guernesey n'a pas d'histoire, elle a suivi les mêmes péripéties que Jersey ; on y trouve aussi de nombreux monuments druidiques, et les nombreux îlots, les roches qui l'entourent et rendent ses abords difficiles, prouvent que d'anciennes terres ont disparu sous les flots et que tout ce littoral s'est trouvé changé par un ou plusieurs bouleversements maritimes.

On débarque dans le port de Saint-Pierre, la

Parcours. — Arrivée tous les jours, sauf le dimanche, par le bateau venant de Jersey.
Départ de même tous les jours pour Jersey.
Un service irrégulier dessert Guernesey par Cherbourg pendant la saison des bains.

Moyens de transport. — Voitures à l'arrivée du bateau. Plusieurs loueurs de chevaux et de voitures

ville la plus importante de l'île (16,000 habitants). Le port est défendu par le fort Cornet, d'où part une jetée qui limite le bassin d'un côté; une autre jetée qui sert au débarquement le ferme de l'autre côté. Saint-Pierre s'étage en amphithéâtre sur le bord de la mer et présente à l'arrivée un fort joli aspect. Il y a peu de monuments à visiter : l'église paroissiale a été construite en 1812, elle renferme plusieurs monuments funéraires dont quelques-uns sont intéressants, des vitraux, etc.; son style est gothique. Beaucoup d'autres églises s'élèvent dans Saint-Pierre.

Le collège Élisabeth, la tour Victoria, Cambridge-Park et le château Carey, résidence du gouverneur, présentent seuls quelque intérêt pour le visiteur. N'oublions pas Hauteville-House, la maison habitée par Victor Hugo pendant bien des années et où il a réuni un grand nombre de curiosités artistiques.

Le fort George défend la ville du côté de la terre et protège en même temps une partie de la côte, on peut le visiter avec autorisation et admirer le panorama qui s'étend en vue de ses terrasses.

La seconde ville de Guernesey est Saint-Sampson (3,038 habitants), qui possède un port d'échouage défendu par deux petits forts; aux environs, il y a des mines de charbon ; en suivant la côte, on arrive

Excursions dans l'île, tous les jours, par un service spécial de voitures.

HÔTELS. — Hôtels *Cambridge*, *Royal Gardner*, *Albion*, *Victoria*, etc.

dans la ville do Saint-Pierre-en-Port.

On trouve de nombreux appartements meublés et des pensions de famille en ville et dans les environs.

au château de Vole, vieille construction dont il reste quelques morceaux intéressants.

La côte nord-ouest est la plus pittoresque, elle est découpée par de nombreuses baies dont les principales sont celles de l'Ancresse, du Grand-Havre, de Cobo, de Vazon, de Perelle, de l'Érée, toutes séparées par de forts beaux promontoires; de la baie de l'Érée on va à marée basse à l'île de Lihou, où sont les restes d'un prieuré. Enfin la grande baie de Rocquaine mène jusqu'à la pointe sud-ouest; plusieurs batteries et le fort Gray servent de point de défense le long de la baie.

La côte sud est la plus élevée, elle est taillée dans le granit et à la pointe Pleinmont les falaises ont 120 mètres de haut. La baie d'Icart, celle des Saints et du Moulin-des-Huets sont les principales découpures de cette côte.

Les paysages intérieurs de Guernesey sont verdoyants et rappellent ceux de Jersey; les paysans font aussi beaucoup de culture; des fleurs et des légumes qui sont estimés en Angleterre. Le réseau des routes est fort simple et très bien dessiné; on parcourt facilement les côtes et les campagnes; du reste, l'île dans sa largeur moyenne ne compte que 6 kilomètres et demi et 15 kilomètres en longueur; c'est donc un endroit de jolies et faciles excursions.

Deux îlots, Herm et Jethou, font partie de Guernesey; Herm a une partie cultivée et reçoit l'été un certain nombre d'habitants qui viennent travailler à la terre ou exploiter les carrières de granit.

Jethou n'a jusqu'à présent donné asile qu'à des lapins et des perdrix que l'homme vient cependant détruire de temps à autre.

AURIGNY

Aurigny est une petite île qui n'a pas plus de 6 kilomètres carrés de superficie, située à 15 kilomètres du cap de la Hague et à 32 kilomètres de Guernesey, d'où l'on peut y aller par de petits steamers qui font le service le mardi et le samedi (8 fr. et 5 fr. aller et retour). Pendant la saison des bains un service irrégulier permet de se rendre de Cherbourg à Aurigny. Un jour suffit pour visiter l'île, et, en prenant le bateau du samedi, on peut revenir à Guernesey dans la même journée lorsque l'heure des marées est favorable.

Cette île est formée par un plateau dont le point culminant est à 92 mètres au-dessus de la mer et qui est coupé par des vallons qui rendent la surface du sol assez accidentée. Les arbres sont rares à Aurigny, en raison des vents qui soufflent continuellement du large et ils ne peuvent pousser que dans les vallons abrités. Tout le contour de l'île est fortement accidenté, ce qui s'explique par la violence des courants qui la heurtent de tous côtés; la côte est découpée en un grand nombre d'anses très pittoresques qui donnent un véritable attrait à cette excursion.

La petite ville de Sainte-Anne, placée au centre de l'île, est très coquette; on y trouve un grand nombre de villas habitées par des Anglais pendant la saison balnéaire; une route bordée de jolies maisons mène de Sainte-Anne au port de Braye, qui est le port militaire édifié par les Anglais pour faire face aux attaques qui pourraient venir de Cherbourg. Ce port est admirablement protégé par des forts qui en défendent les approches ; mais, malgré des sacrifices considérables, l'Angleterre n'a pu y constituer un abri sérieux pour sa flotte, car la mer, toujours très forte dans cette région, a, jusqu'à présent, ruiné les travaux au fur et à mesure de leur construction.

Les points les plus intéressants à visiter à Aurigny sont les alentours de la *baie de Longy* sur les falaises de laquelle s'élève le donjon en ruines du *château d'Essex*. Près de ces ruines, on voit la *roche Pendante*, énorme bloc aussi élevé que la falaise dont elle est séparée par une gorge à pic. Au sud-est de l'île, on aperçoit, au large, un gros rocher dont la base, creusée par les flots, s'ouvre en forme d'immense arcade.

L'île d'Aurigny possède près de 3,000 habitants dont la majeure partie s'adonne à la culture : l'élevage joue un grand rôle dans le commerce d'Aurigny et la plupart des fermes qu'on y rencontre sont employées à cette industrie.

SERK

L'excursion de Guernesey à Serk peut se faire en une journée, la traversée n'étant que d'une heure ; un départ a lieu toutes les semaines le lundi ; le prix est de deux shellings.

L'arrivée à Serk est assez difficile, la côte est abrupte presque partout et le débarquement se fait d'abord du bateau en canot, puis le canot vous dépose sur une jetée et on entre dans Serk par une sorte de grotte nommée le creux Harbour. « Autrefois, dit Élisée Reclus, une chaîne et une porte pouvaient ouvrir ou fermer cette île étonnante. »

À la sortie de la grotte, une large route vous permet de traverser l'île qui a 5 kilomètres environ de longueur. Deux hôtels sont à la disposition des voyageurs : l'hôtel Vaudin, auquel on arrive presque à la sortie du creux Harbour et l'hôtel Gavey, situé au-dessus de la baie d'Icart, entouré de bois qui descendent jusqu'au bord de la baie. Il n'y a pas de ville, mais quelques agglomérations de maisons, le nombre des habitants ne s'élevant pas à 680 ; la principale est formée de l'église, toute moderne, de la Seigneurie dont les magnifiques jardins se visitent librement, de l'école et de la prison.

L'une des premières curiosités est le Creux-Terrible, sorte de puits qui s'ouvre sur le bord de la falaise et qui communique avec la mer par une grotte ; à marée basse, on peut entrer dans cette grotte et arriver jusqu'au Creux-Terrible, mais il faut prendre des précautions pour descendre la falaise. Après le creux Terrible, en doublant la pointe du château ou en suivant la vallée Boher, on arrive à la baie d'Icart dont les falaises sont très élevées.

Serk est composée de deux îles, le grand et le petit Serk, jointes par un isthme élevé bordé de précipices de chaque côté. Cet isthme s'appelle la Coupée ; la route le traverse et mène au petit Serk, rocher très découpé qui ne contient qu'une ferme et quelques champs de blés. En repassant la Coupée, on continue la côte ouest du grand Serk ; après avoir longé la grève de la Grade et passé devant la Longue-Pointe, on laisse sur sa gauche le Havre Gosselin qui sert parfois d'abordage lorsque le mauvais temp srend difficile l'entrée par le creux Harbour et on arrive aux fort curieuses grottes du Gouliot qui méritent une courte visite. En face de ces grottes se trouve l'île Brechon, roc élevé, sans intérêt. En continuant la côte, on suit la baie de la Banquette, découpée elle-même en plusieurs petites anses et l'on atteint la pointe nord de l'île qui se termine par un cap peu élevé appelé Bec-du-Nez. Avant cette pointe se creusent les grottes des Boutiques, dont l'accès est assez difficile ; se munir d'un guide, de cordes et de flambeaux.

En redescendant vers l'est, on rencontre la baie des Eperqueries où l'on débarque aussi parfois, puis la grève de la ville, grande baie où l'on peut encore admirer des roches immenses, très découpées, et une grotte. Doublant enfin la pointe Robert et continuant la côte est, on rejoint le creux Harbour. Cette île est une des plus charmantes excursions que l'on puisse faire, les frais paysages alternent avec les spectacles grandioses qu'offrent les falaises qui s'élèvent parfois jusqu'à 120 mètres ; les Anglais la nomment la *perle des îles* du canal et ce nom semble très justifié.

Les courants de marée après avoir heurté la côte du Cotentin se détournent et passant, entre les îles normandes et le continent, forment le fameux passage de la Déroute. Toute cette partie du territoire a été bouleversée par des affaissements qui ont complètement transformé la physionomie du pays. Nous retrouvons là, comme sur toute la côte bretonne, le phénomène d'abaissement signalé plus haut, et, pour le décrire, nous ne pouvons mieux faire que d'emprunter au beau traité de géologie du professeur De Lapparent, les lignes suivantes qui peignent, en larges traits, les cataclysmes qui se sont produits dans la baie de Cancale et dans toute la Bretagne :

« D'après les traditions et les histoires locales, recueillies par M. Quinault (*les Mouvements de la mer*), il y avait au v° siècle, entre les îles Chaussey et le Mont-Saint-Michel, une vaste forêt qui portait le nom de Scicy ou Scissy. A la même époque, Jersey n'aurait été séparé du territoire de Coutances que par un ruisseau.

« Dès le vi° siècle, la forêt de Scissy n'avait plus qu'une demi-lieue de large du côté de la Normandie et autant du côté de la Bretagne. En 702, elle fut entièrement détruite avec la plupart des monastères qui s'y trouvaient; cependant quelques-uns subsistaient encore en 817 autour de flaques d'eau ou *mares*. Mais, en 860, la mer inonda les marais du Mont-Saint-Michel et la catastrophe se reproduisit, plus violente encore, en 1224 ; les vagues marines pénétrèrent jusqu'à sept lieues de profondeur, faisant disparaître, avec les campagnes environnantes, les deux voies romaines de Valognes à Rennes et de Rennes à Bayeux. Peu de temps auparavant, en 1203, le vaste marais qui séparait Jersey de la forêt de Scissy avait été également envahi par les eaux, et le point culminant de ce marais, dit *les Écrehous*, s'étant trouvé isolé, fut doté d'un monastère et d'une église, « attendu, dit la chartre de fondation, que les habitants ne peuvent plus entendre la messe à Portbail en Cotentin ». Il ne reste plus aujourd'hui de cette île qu'un amas de rochers, laissant voir à mer basse les ruines de la vieille chapelle.

« M. Quinault a publié, d'après M. Deschamps-Vadeville, une carte copiée, paraît-il, sur un manuscrit de 1406, reproduisant lui-même une carte plus ancienne. Ce document attribue aux îles Chaussey une étendue de 2 myriamètres. A la place des Minquiers, s'étendait une île de 23 kilomètres sur 8 dont la forme correspondait exactement à celle du plateau actuellement submergé dans ces parages. L'île d'Aurigny faisait alors partie du Cotentin, ainsi qu'une bande de 10 kilomètres entre Aurigny et Jersey. L'isthme reliant Jersey au continent aurait eu alors plus de 20 kilomètres.

« Le mémoire de M. Deschamps-Vadeville, publié

en 1826, mentionne comme particulièrement désastreuses les grandes marées de 541, 603, 709, 817, 860, 1131, 1224, 1244, 1340 et 1360. C'est cette dernière qui détruisit les villages de la Paluelle et de Bourgneuf. Il est donc à présumer que le territoire de la baie du Mont-Saint-Michel, autrefois protégé par un cordon littoral, à l'abri duquel la lagune était devenue habitable, a été peu à peu envahie, l'affaissement du cordon laissant de plus en plus prise à l'attaque des grandes marées.

« En 1735, pendant l'ouragan du 7 janvier, l'agitation de la mer fut si grande dans la baie du Mont-Saint-Michel, qu'elle fit sortir des grèves une quantité prodigieuse de billes de bois de l'ancienne forêt. On distingua aussi les vestiges de la paroisse de Bourgneuf et jusqu'aux ornières des chemins.

« Le phénomène de vallées sous-marines, signalé comme caractérique des régions affaissées, se présente, d'après Jean Raynaud, au débouché de la rivière de Pontrieux. Cette rivière prolonge son lit jusqu'à 10 kilomètres en mer par un estuaire immergé qui, sur 30 ou 40 mètres de profondeur, entame le fond plat de la Manche. Ce lit sous-marin est bordé par deux plateaux, dont l'un forme l'île de Bréhat, caractérisée par une formation d'eau douce, épaisse de 10 ou 12 mètres et contenant, avec des ossements des mammifères actuels, des fragments de poteries.

« En 1811, on découvrit sous le sable de la plage de Morlaix, à la suite d'une violente tempête, des troncs d'arbres entrelacés, reposant sur une ancienne prairie, avec feuilles, insectes et coquilles. M. de Fourcy a mentionné des faits semblables sur les grèves au nord de Lesneven.

« L'anse Sainte-Anne, à l'entrée du goulot de Brest, après la pointe de Portzic, laisse apercevoir, au pied des rochers, de nombreux troncs de chênes, de bouleaux, d'ifs, reposant sur $0^m,20$ d'une terre noire qui recouvre une argile grise. On y trouve des noisettes et quelques débris d'insectes.

« Les signes de submersion sont manifestes dans le sud du département du Finistère. La baie de la Forest renferme de nombreux troncs de bois engloutis. Les îles des Glénans ont, de nos jours, une étendue sensiblement moindre que celle qui leur est attribuée sur les anciennes cartes et, au dire des pêcheurs, l'*Haliotis,* qui se tient fort au-dessous des basses eaux, arrive plus près qu'autrefois du phare de l'île de Penfret.

« La baie de Douarnenez, où la profondeur de l'eau est aujourd'hui de 14 ou 15 mètres à marée haute, masque l'emplacement d'une ancienne cité florissante, la ville d'Ys, qui, d'après la tradition, était, du quatrième au cinquième siècle, la capitale du roi Gradlon. Non loin de la pointe de Plogoff, lorsque le vent pousse au large, on distingue encore à basse mer, sous 5 ou 6 mètres d'eau, des pierres druidiques et des ruines diverses. Au seizième siècle, le chanoine Moreau a pu suivre sur cet emplacement les lignes d'une vaste enceinte en maçonnerie et extraire quelques urnes funéraires; il affirme, en outre, avoir reconnu deux voies pavées, dont l'une se dirigeait vers Quimper et l'autre vers Carhaix. Du reste, plusieurs anciennes routes, encore faciles à reconnaître, aboutissent de l'intérieur, sans motif apparent, à divers points de la baie et, si l'on prolonge leurs traces, on reconnaît qu'elles viennent converger, en un même point situé sous les eaux, à plusieurs kilomètres de la côte.

« D'après les anciennes chroniques bretonnes, la ville d'Ys, constamment menacée par les eaux et défendue à l'aide de digues, aurait été détruite par la mer au cinquième siècle. »

Toutes ces révolutions ont transformé la baie de Cancale, comme tous les points que nous venons de citer; elle se présente sous la forme d'un vaste delta, de 24 kilomètres de longueur à marée basse; la falaise a disparu à partir du littoral d'Avranches et n'est rappelée que par deux énormes blocs situés en face de Moidrey, la roche de Tombelène et le Mont-Saint-Michel.

LE MONT-SAINT-MICHEL

Le Mont-Saint-Michel est une roche granitique qui s'élève au fond de la baie de Cancale en face des embouchures de la Sée, de la Pélune et du Couesnon. Cette roche, jadis en terre ferme, renferme toute une petite ville et supporte une de nos abbayes les plus célèbres et les mieux conservées. La grève de Saint-Michel est excessivement plate; circonstance qui, combinée avec la hauteur des marées, très considérables en cette partie du littoral, fait que la mer, pour atteindre l'étale du jusant, s'éloigne à 24 kilomètres de la côte. Cette énorme distance est franchie chaque jour en six heures, puis le flot remonte avec la vitesse d'un cheval au galop, inondant la grève, se heurtant aux flancs du Mont et d'un autre écueil, Tombelène, qui s'élève non loin de là. C'est un spectacle saisissant surtout à l'époque des équinoxes. Les abords du rocher étaient autrefois difficiles et l'on ne pouvait s'y rendre qu'à marée basse; mais, aujourd'hui, le Mont-Saint-Michel est relié à la terre ferme par une digue qui part de la route de Moidrey. On peut donc se rendre en toute sécurité et à toute heure à l'abbaye.

Le Mont-Saint-Michel se présente sous différents aspects. Vu de *Moidrey*, du sud ou de l'ouest, il offre tantôt un amas de maisons pittoresquement groupées, tantôt une ligne menaçante de remparts flanqués de tours, et, dominant le tout, la silhouette imposante de l'abbaye et le clocher de la vieille église (1).

Nous empruntons l'historique et la description de la petite ville du Mont à un ouvrage spécial très curieux et fort rare (il date de 1829), édité à Saint-Malo par l'abbé Manet, ancien chef d'institution ; le style en est parfois naïf mais les détails sont scrupuleusement exacts et témoignent de patientes recherches

« Devenu bientôt célèbre dans toute la France, et

---

(1) On se rend au Mont-Saint-Michel de Pontorson où s'arrête le chemin de fer, on peut également y aller d'Avranches ; de ces points partent des voitures qui conduisent jusqu'à la porte de l'enceinte de la petite ville.

Le Mont-Saint-Michel est relié au continent par une digue légèrement cintrée, longue de 2 kilomètres ; c'est une promenade charmante que de longer cette digue lorsque la mer est haute.

On trouve au Mont-Saint-Michel des hôtels, mais il est le plus souvent inutile de passer la nuit, car la visite se fait facilement en un jour, et l'on peut revenir coucher le soir à Saint-Malo ou à Pontorson. — C'est à l'hôtel *Poulard* que se mange la fameuse omelette du Mont-Saint-Michel ; l'hôtel est tenu par l'aimable hôtesse connue depuis longtemps sous le nom de « la belle Madame Poulard », la bru du fameux « père Poulard », l'inventeur de l'omelette historique célébrée par tous les littérateurs.

même dans toute l'Europe, le Mont-Saint-Michel devint en même temps l'objet des bienfaits de plusieurs souverains et surtout des ducs normands et bretons, dont il séparait les États. Rollon, premier duc chrétien de Normandie, le dota richement après son baptême qui eut lieu la veille de Pâques 912. En 966, Richard Ier, l'un de ses successeurs, fit considérablement augmenter le monastère, en chassa les chanoines séculiers, et mit à leur place des religieux bénédictins, qu'il tira de Saint-Mélaine de Rennes, et de divers autres couvents. En 988 et années suivantes, Richard II, son fils, ajouta aux libéralités de son père, qui vivait encore, et accorda à ce lieu saint de grands privilèges, qui ne contribuèrent pas peu à l'enrichir. Il lui unit surtout le monastère de Saint-Pair... les îles de Chaussey et une terre considérable dans l'île de Jersey. Le 27 juin 992, Conan Ier, duc de Bretagne, qui, quatre ans auparavant, lui avait fait de très grands biens, eut la dévotion de s'y faire enterrer; et, quelque temps après, l'église fut brûlée. De 1020 à 1058, Hildebert II, Suppo et Raoul de Beaumont, qui en étaient abbés, y jetèrent les fondements de la belle église qu'on y voit encore et qui fut continuée par Renou, Bernard et Robert de Thorigny, plus connu sous le nom de *Robert du Mont*, leurs successeurs. Ces divers édifices ayant été incendiés en partie l'an 1204, par les Bretons, qui s'étaient ligués avec le roi de France Philippe-Auguste, contre Jean sans Terre, roi d'Angleterre et duc de Normandie, l'abbé Jordan, aidé par le monarque français, en fit les réparations quelque temps avant sa mort, arrivée le 6 août 1212. Ce fut vers le même temps, que le pied du roc fut ceint de murailles du côté de Pontorson, seul endroit par où il était accessible. Enfin, ce fut par les abbés Raoul de Villedieu en 1224, Richard de Tustin en 1236, Guillaume du Chasteau en 1299, Pierre Le Roy en 1386, Guillaume d'Estouteville en 1445, Guillaume et Jean de Lamps en 1499 et 1513, et Henri de Lorraine, duc de Guise, en 1615, que s'achevèrent les divers bâtiments qui couronnent en entier le sommet de cette montagne, peut-être unique dans son genre, bâtiments aussi réguliers qu'ils sont vastes et hardis.

« Entre ces différents édifices, tous en pierre de granit, qui faisaient l'étonnement de M. de Vauban lui-même, on distingue surtout l'église abbatiale, dont le cul-de-lampe en particulier est un chef-d'œuvre, ainsi que les dix piliers colossaux qui sont au-dessous et qui supportent toute la masse. La forme de ce joli temple, terminé par le cardinal d'Estouteville et les deux de Lamps, est de structure gothique d'un excellent goût, et disposée en croix romaine. Sa longueur, avant qu'on eût coupé une partie de la nef, dans les derniers temps, pour en augmenter le parvis au nord, était de 238 pieds (environ 70 mètres) et son élévation sous voûte, au rond-point du sanctuaire, de 66 (22 mètres). Autour de ce clocher, qui fut raccourci de quelque chose en 1796, pour y établir un télégraphe sur la ligne de communication de Paris à Saint-Malo, règne en dehors un revers d'eau ou saillie en pierre de 18 à 20 pouces (environ 50 centimètres) de large, qu'on appelle la *Promenade des petits fous*, parce qu'il faut être fou à moitié pour se risquer à la circuiter, n'ayant ni balustrade ni appui ; et 22 pieds (7 mètres) au-dessus, une autre avance plus étroite, dite le *Tour des grands fous*, par la raison qu'il faut être complètement hors de sens pour s'y aventurer, ce qui n'est pourtant pas rare. Parmi les objets de décoration intérieure que le vandalisme révolutionnaire a fait disparaître de cette église, on remarquait avec plaisir, outre le trésor, qui renfermait quantité de pièces de prix, la chapelle de la Vierge en hors-d'œuvre derrière le chœur ; et, sur un des murs de la croisée, les armoiries de 119 gentilshommes bretons et normands qui défendirent cette forteresse, en 1423, contre les Anglais, maîtres alors de toute la Normandie, excepté de cette place. Du reste on peut monter avec sécurité sur les combles, et se promener tout autour le long des garde-corps dont la couverture est environnée.

« On va encore à l'aide d'une lanterne, dans les divers souterrains du monastère, lesquels offrent un vrai labyrinthe de tours, de détours et de descentes obscures. — On y montre, entre autres, deux cachots de huit pieds en carré, où l'on prétend qu'on descendait jadis les criminels d'Etat par une bouche qui se refermait sur eux avec une trappe, et où l'on ne leur donnait jusqu'à la fin de leurs jours, pour toute nourriture, que du pain et de l'eau, quand on ne les faisait pas mourir de mort violente. On a conservé jusqu'à aujourd'hui à ces deux antres le nom de *Vade in pace* ou d'*oubliettes ;* mais on ne trouve plus au fond de ces cavernes que les squelettes de quelques oiseaux de mer qui s'y retirent en hiver, et qui apparemment y périssent de faim. — On y montre aussi les caves du gouvernement et de l'abbatiale ; les magasins aux poudres et aux boulets, le *Saut-Gautier*, d'où un malheureux de ce nom se précipita, sans se faire aucun mal ; l'emplacement où était l'ancienne roue destinée à monter les grosses provisions au château, le long d'une muraille dont la hauteur effraie ; enfin le lieu où était autrefois une grande cage de bois, qu'on s'était accoutumé à appeler la *cage de fer* ; et plusieurs autres objets dignes d'être visités par les curieux.

« De l'église, on entre dans le cloître (1), pièce remarquable tant par l'élégance, la délicatesse et le fini de sa colonnade, composée d'une sorte de stuc fait de ciment et de coquillages, que par son intérieur, qui présente une aire entièrement couverte en plomb, pour recevoir les eaux pluviales destinées à alimenter deux citernes, dont l'une contient 100 mètres cubes d'eau, et l'autre 80.

« En un mot, on ne peut se refuser à voir les chambres du gouvernement, celles du grand et du petit exil ; les réfectoires, dortoirs, cuisines, bibliothèque et infirmerie des anciens religieux ; la superbe salle des chevaliers de Saint-Michel ; la muraille, plus magnifique encore, appelée, *la merveille*, consistant en un alignement de 230 pieds (76 mètres) de long, soutenue par 36 contreforts sur un escarpement coupé à vif, et d'une hauteur effrayante...

« Au-dessous de l'abbaye et du château, qui, nous le répétons, occupent exactement toute la cime de

---

(1) Le cloître, le réfectoire et le dortoir des moines sont aujourd'hui complètement restaurés.

la montagne, se voient, du côté du nord et de l'orient d'été, un ramas de broussailles, un petit bois taillis en pente très rapide ; la petite chapelle Saint-Aubert, sur un gros bloc de rocher attenant au roc principal, et presque sur la grève ; enfin, une faible fontaine ou puisard d'eau douce. — Pour suppléer à l'insuffisance de cette source, il était permis à chaque ménage, du temps des religieux, d'aller prendre, toutes les semaines, dans la citerne du monastère, deux cruchées d'eau de pluie...

« La petite ville ou bourg, composée de 3 à 400 habitants, est entre le soleil levant et le midi. — Elle n'avait anciennement qu'une seule ruelle contournée en limaçon, et conduisant d'abord à l'église paroissiale dédiée à Saint-Pierre, située vers le milieu du rocher ; puis, en montant toujours, jusqu'à l'abbaye, et à quelques mauvais jardinets disséminés sur la hauteur. Depuis 1819, le baron de Vanssay, préfet du département de la Manche, y a fait pratiquer de plus, sur l'ados du roc vers l'ouest, en serpentant vers le sud et l'orient, une autre espèce de grand sentier qui, comme le précédent, va aboutir à l'entrée du château, où l'on était obligé jadis de déposer toutes armes quelconques, même son couteau, avant d'en obtenir l'accès ; ce qui avait lieu également pour les étrangers au corps de garde de ville. — Cette ville, au surplus, n'est guère peuplée que de pauvres pêcheurs, d'aubergistes et de vendeurs de chapelets, médailles, écharpes de coquilles, et autres béatilles pareilles, dont ils font un grand débit aux pèlerins.

« Sa garde ordinaire ainsi que celle du château

leur était autrefois confiée, sous l'autorité de l'abbé qui en était gouverneur, et les clefs en étaient portées tous les soirs au prieur des moines ; mais, aux jours de Saint-Michel et de la Pentecôte, il était d'usage, depuis l'abbé Geoffroy de Servon, mort en 1386, que les vasseaux de l'abbaye, équipés de pied en cap des anciennes armures, et la pique à la main, vinssent faire le devoir de leurs fiefs tant à la porte du château, qu'à celle du chœur pendant la célébration des cérémonies religieuses. — Ce service avait mérité aux Montois l'exemption de la taille et plusieurs autres privilèges.

« Le 16 avril 1776, il y eut au Mont-Saint-Michel un incendie qui y consuma quelques bâtiments ; mais personne n'y périt. — Trois seulement, des dix-huit prisonniers d'État qui y étaient alors détenus, se sauvèrent dans le tumulte.

« A l'époque de la Révolution, ce lieu était encore un des principaux pèlerinages de l'Europe. — En tout temps, mais surtout en été, l'on y voyait affluer de nombreuses personnes des deux sexes, dont la dévotion se terminait quelquefois par des orgies et des batteries assez graves. — Sept de nos rois ont eux-mêmes fait ce voyage fort religieusement ; savoir : Louis VII, en 1157 ; saint Louis, Philippe le Hardi, Charles VI, Louis XI, Charles VIII et François Ier. C'est dans son église paroissiale, bâtiment petit, mesquin et sombre, que se font maintenant les stations des pèlerins.

« Durant le règne de la Terreur, on entassa dans l'abbaye plus de trois cents ecclésiastiques du département de Rennes et autres qui n'avaient pu être déportés à cause de leurs infirmités ou de leur grand âge. »

Le Mont-Saint-Michel n'a pas changé depuis la description du bon abbé Manet; jusqu'en 1874, l'abbaye servit de prison politique; parmi les plus célèbres détenus qui y furent enfermés, on cite Barbès, Blanqui, Raspail. On montre encore le cachot de Barbès. L'abbaye du Mont-Saint-Michel a été fortement endommagée par le séjour des prisonniers, aujourd'hui encore la restauration de cet admirable souvenir historique est loin d'être achevée.

TABLE ALPHABÉTIQUE

DES

PLAGES DE LA MANCHE

Ambleteuse, 103.
Arromanches, 229.
Asnelles, 229.
Ault, 130.
Aurigny (île d'), 273.
Avranches, 262.

Barfleur, 250.
Bayeux, 227.
Berck, 105.
Berneval, 142.
Bernières, 225.
Beuzeval, 215.
Boulogne, 95.
Bourg-d'Ault, 130.

Cabourg, 219.
Caen, 207.
Calais, 84.
Caudebec, 176.
Cayeux, 118.
Chaussey (îles), 259.
Cherbourg, 242.
Courseulles, 225.

Coutances, 260.
Criel, 133.
Crotoy (Le), 117.

Dalles (Grandes-), 153.
Dalles (Petites-), 153.
Deauville, 192.
Dieppe, 131.
Dives, 218.
Dunkerque, 76.

Etaples, 104.
Etretat, 155.
Fécamp, 149.

Grandcamp, 232.
Granville, 257.
Gravelines, 89.
Graville, 169.
Guernesey (île de), 269.
Guines, 90.

Harfleur, 173.
Havre (Le), 160.

Hève (cap de la), 77
Home (Le), 232.
Honfleur, 198.
Hougue (la), 250
Houlgate, 215.
Hourdel (Le). 118.

Ingouville, 169.
Isigny, 234.

Jersey (île de), 264.
Jumièges, 176,
Langrune, 224.
Lion, 222.
Luc, 222.
Marquise, 103.
Mers, 133.
Mont-Saint-Michel, 282.

Noyelles, 117.

Onival, 118
Ouistreham, 212.

Pontorson, 263.
Portel (Le), 104.
Port-en-Bessin, 230.
Pourville, 142.
Puys, 141.

Quiberville, 147.
Quillebœuf, 173.

Rosendael, 84.
Rouen, 178.

Saint-Aubin, 225.
Saint-Michel (Mont), 282.
Saint-Pair, 259.
Saint-Pierre-en-Port, 153.
Saint-Vaast, 119.
Saint-Valery-en-Caux, 145.
Saint-Valery-sur-Somme, 111.
Saint-Adresse, 170.
Sainte-Marguerite, 143.
Sangatte, 89.
Sanvic, 170.
Serck, (île de), 274
Sotteville, 147.
Souquet (Le), 104.

Tourgeville, 203.
Tréport (Le), 126.
Trouville, 192.

Varaville, 222.
Varengeville, 143.
Ver, 229.
Veules, 147.
Veulettes, 148.
Villers, 203.
Villerville, 201.

Wimereux, 103.
Wissant, 90.
Yport, 154.

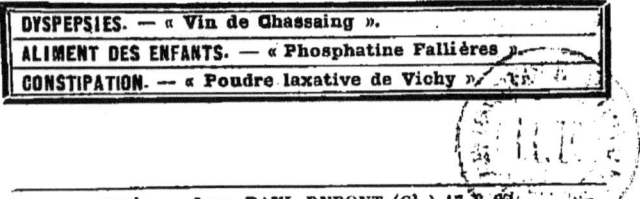

| DYSPEPSIES. — « Vin de Chassaing ». |
| ALIMENT DES ENFANTS. — « Phosphatine Fallières » |
| CONSTIPATION. — « Poudre laxative de Vichy » |

Paris. — Imp. PAUL DUPONT (Cl.) 17.6.92

TABLE MÉTHODIQUE

	Pages.
Introduction : La mer.	1
I. Généralités.	3
II. Les côtes de France.	12
III. Marées et courants.	27
IV. Bains de mer.	33
Généralités	57
Renseignements pratiques.	65
Première région	69
Plages de Flandre.	70
Plages du Boulonnais.	91
Deuxième région : Tréport au Havre	121
Troisième région : Honfleur à Grandcamp. . . .	185
Quatrième région : Carentan au Mont-Saint-Michel.	237
Iles Normandes	264

TABLE DES GRAVURES

	Pages.
1. — Port de Dunkerque	81
2. — Beffroi d'Arras	86
3. — Notre-Dame de Boulogne	93
4. — Cathédrale d'Amiens	109
5. — Canal de la Somme	114
6. — Plage de Dieppe	134
7. — Plage d'Etretat	157
8. — Place du Théâtre au Havre	162
9. — Vue de Harfleur	174
10. — Abbaye de Jumièges	177
11. — Honfleur	199
12. — Eglise Saint-Pierre à Caen	210
13. — Plage d'Houlgate	216
14. — Plage de Cabourg	221
15. — Vue de Valognes	240
16. — Statue de Napoléon Ier à Cherbourg	144
17. — Casino de Cherbourg	248
18. — Phare de Barfleur	252
19. — Cathédrale de Coutances	261

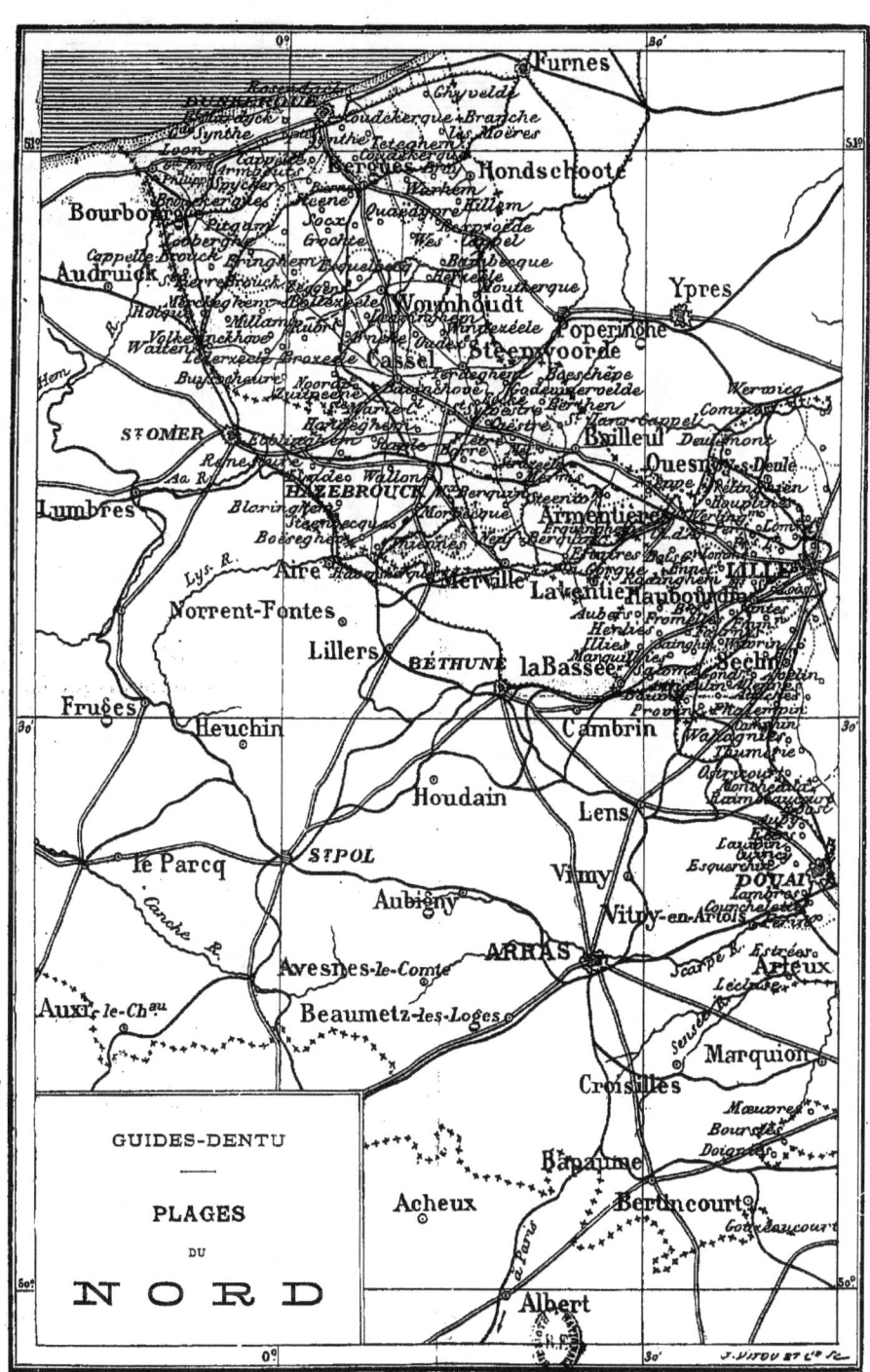

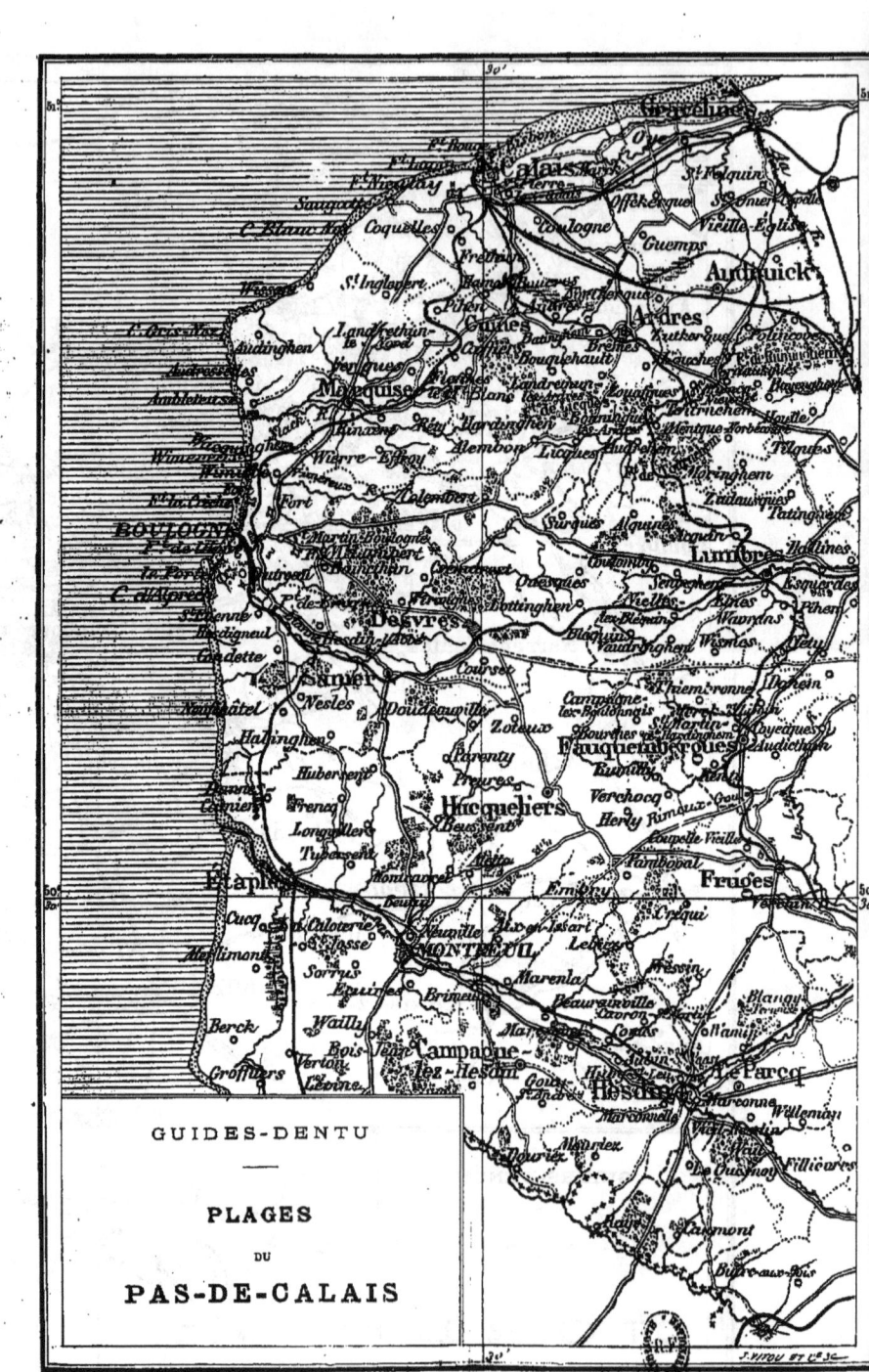

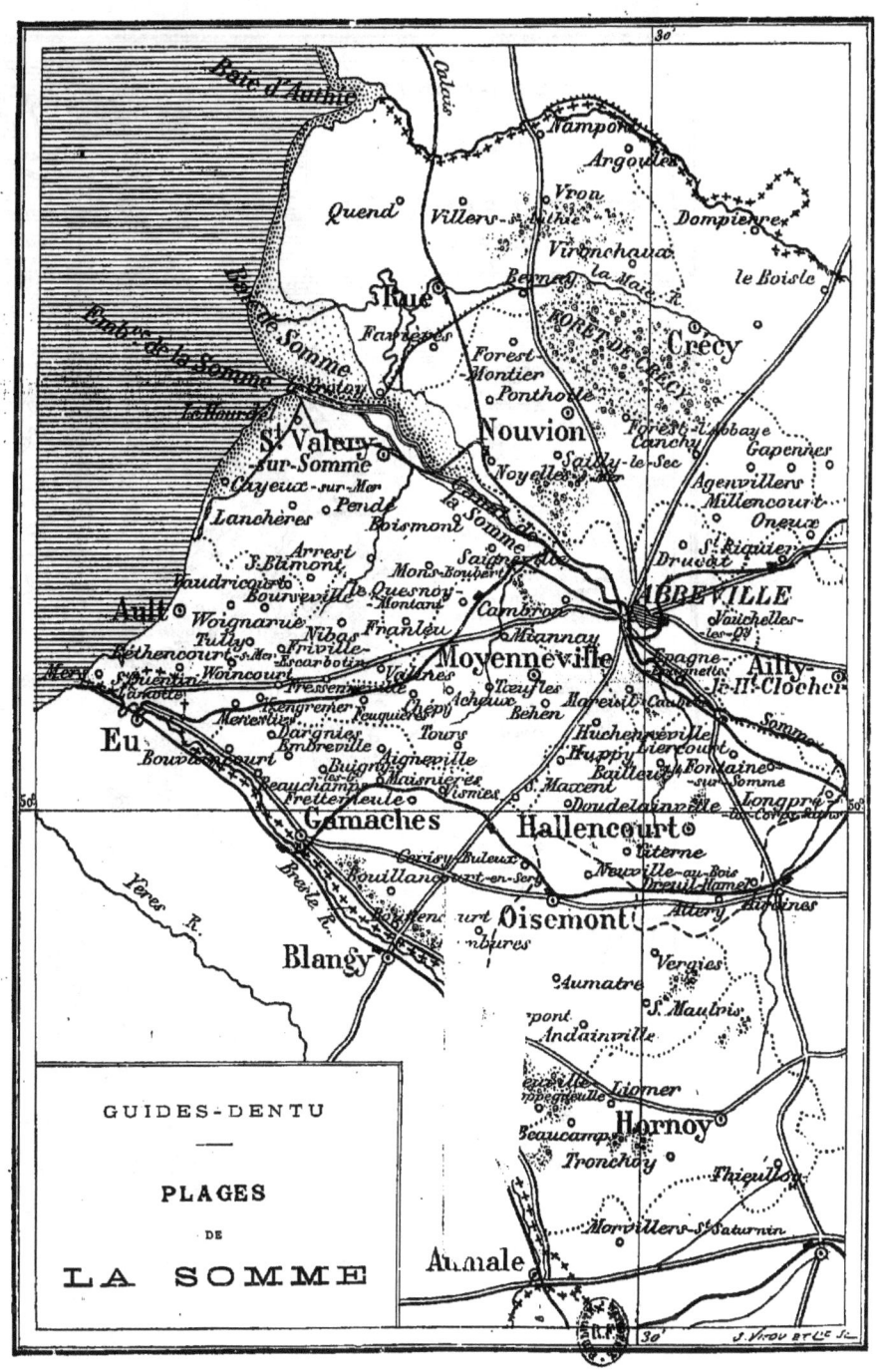

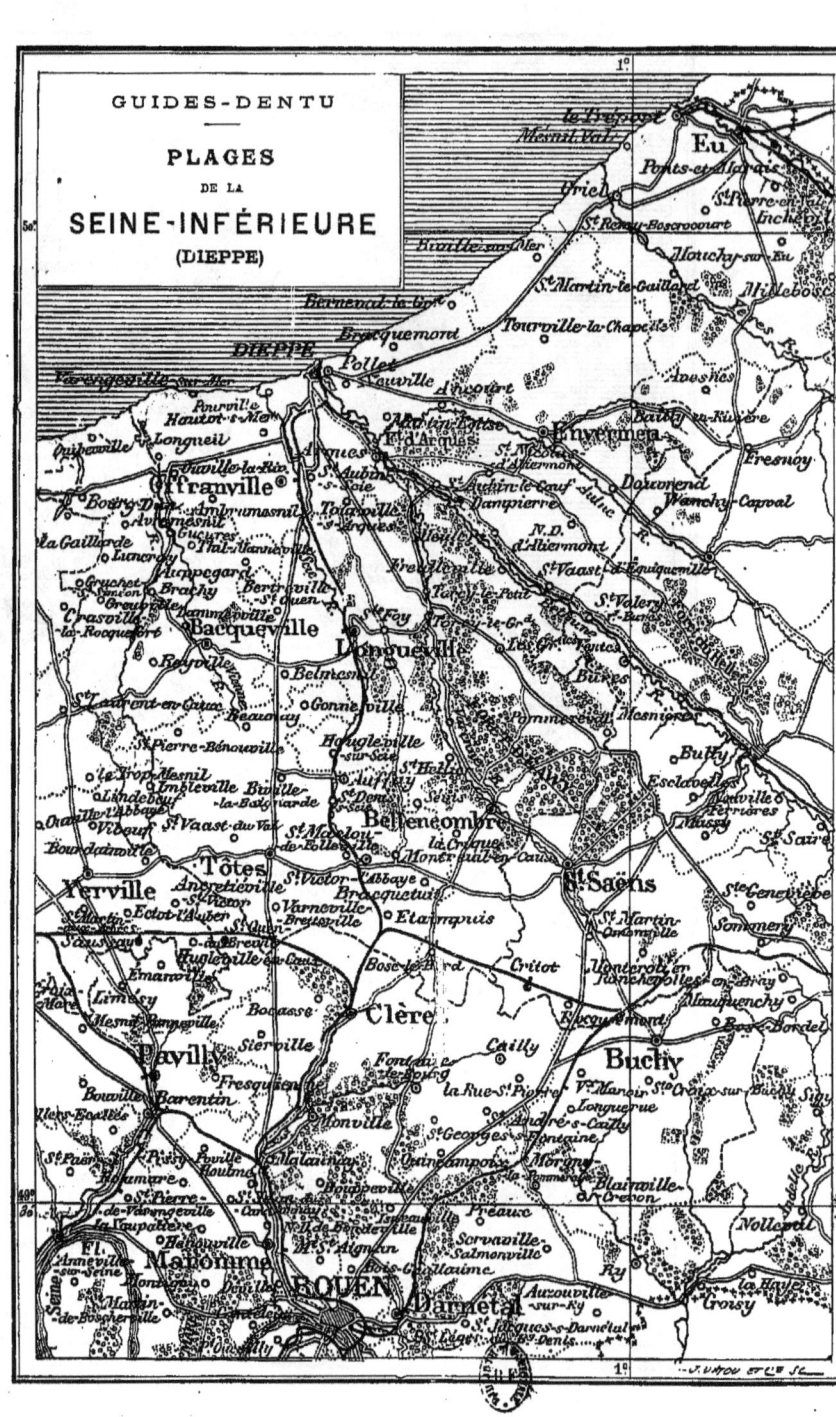

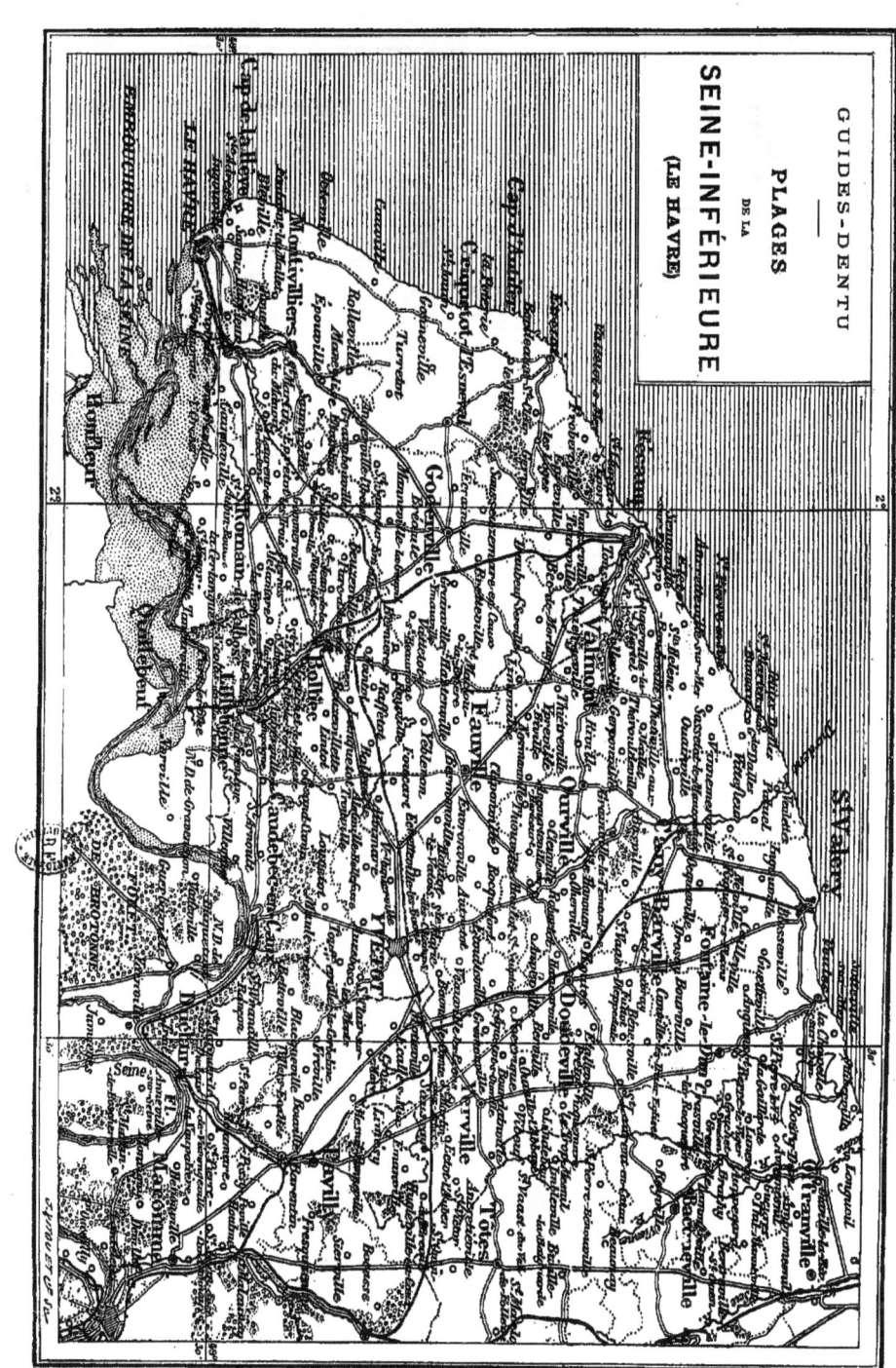

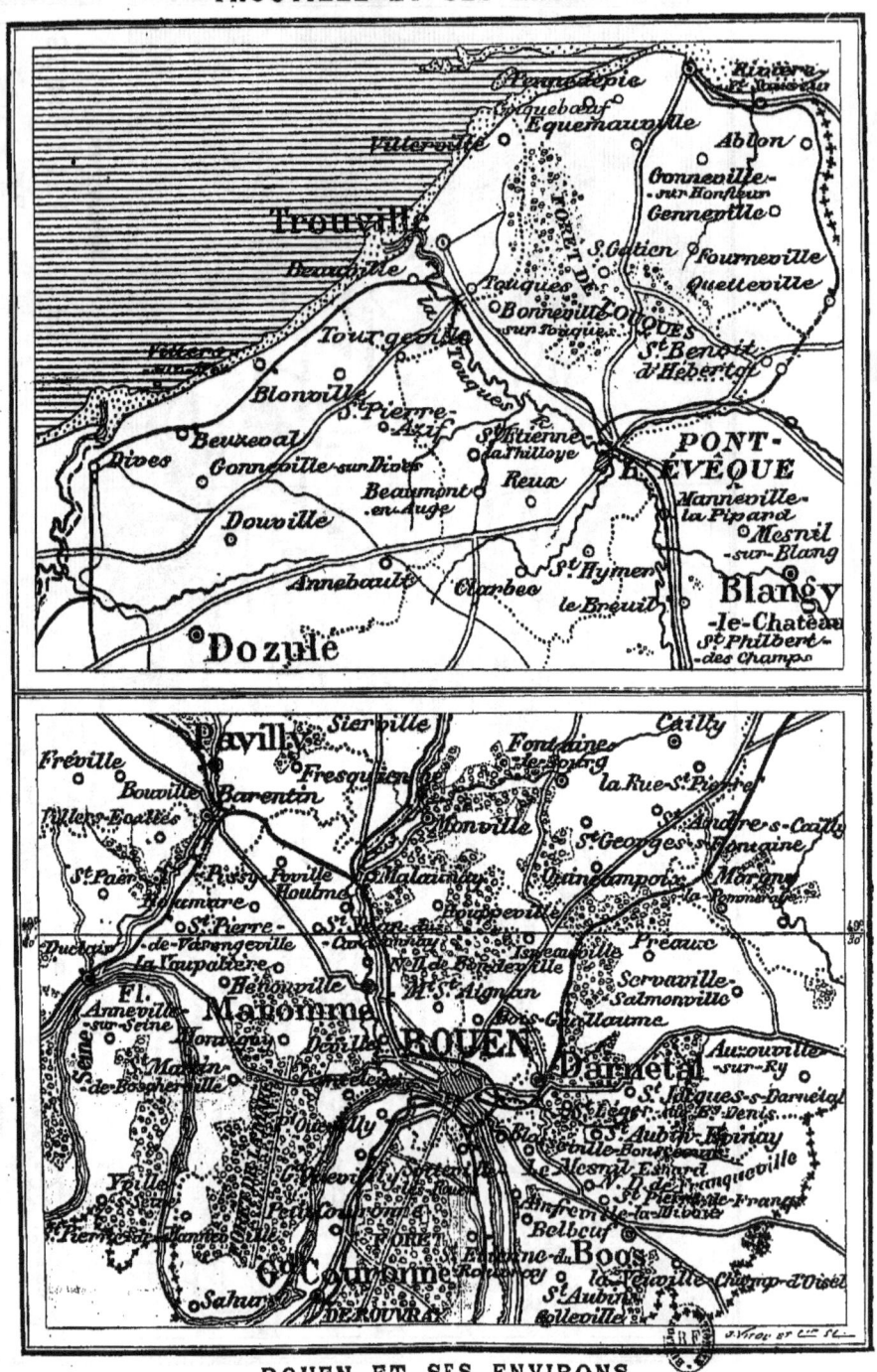

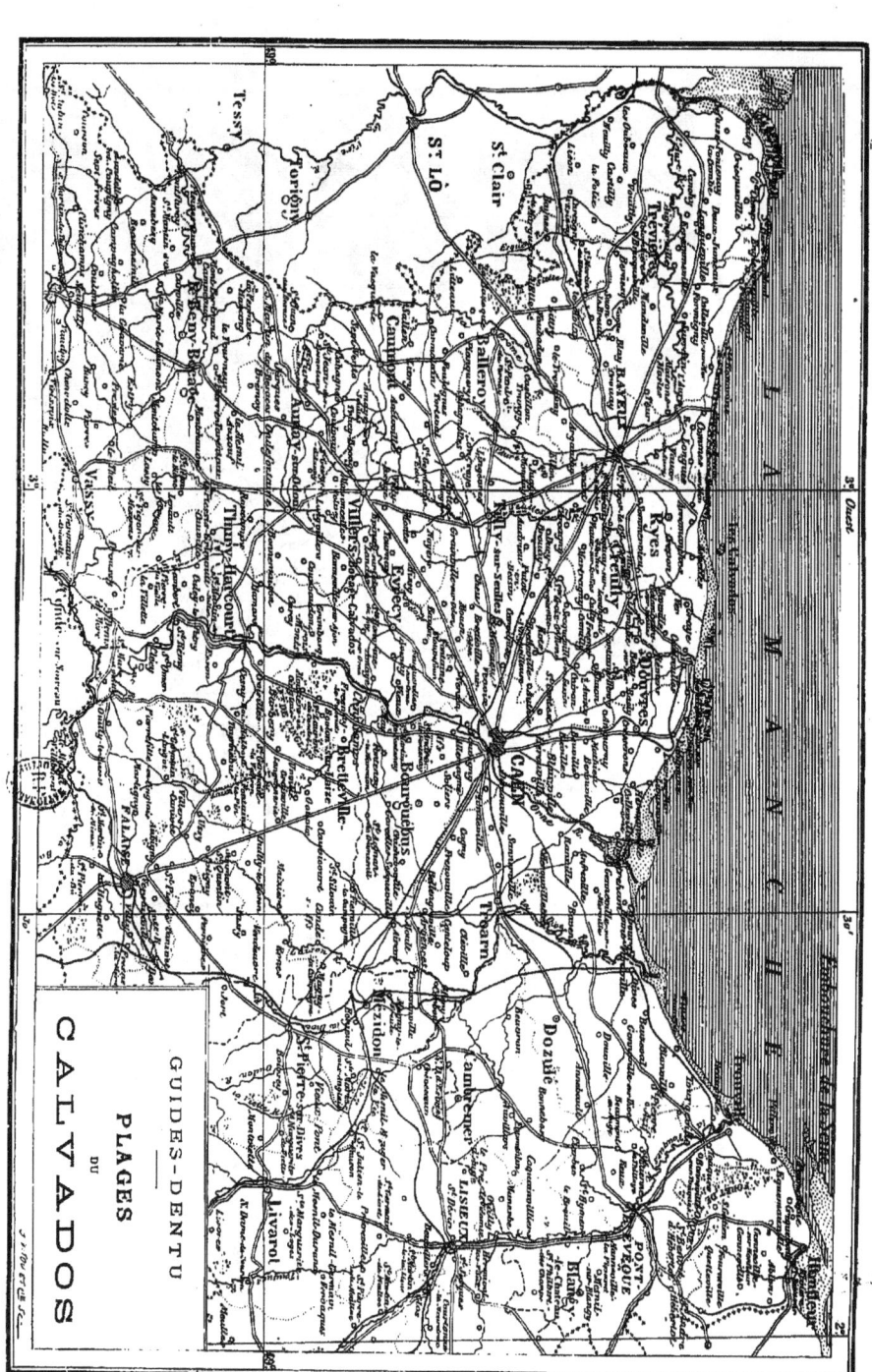

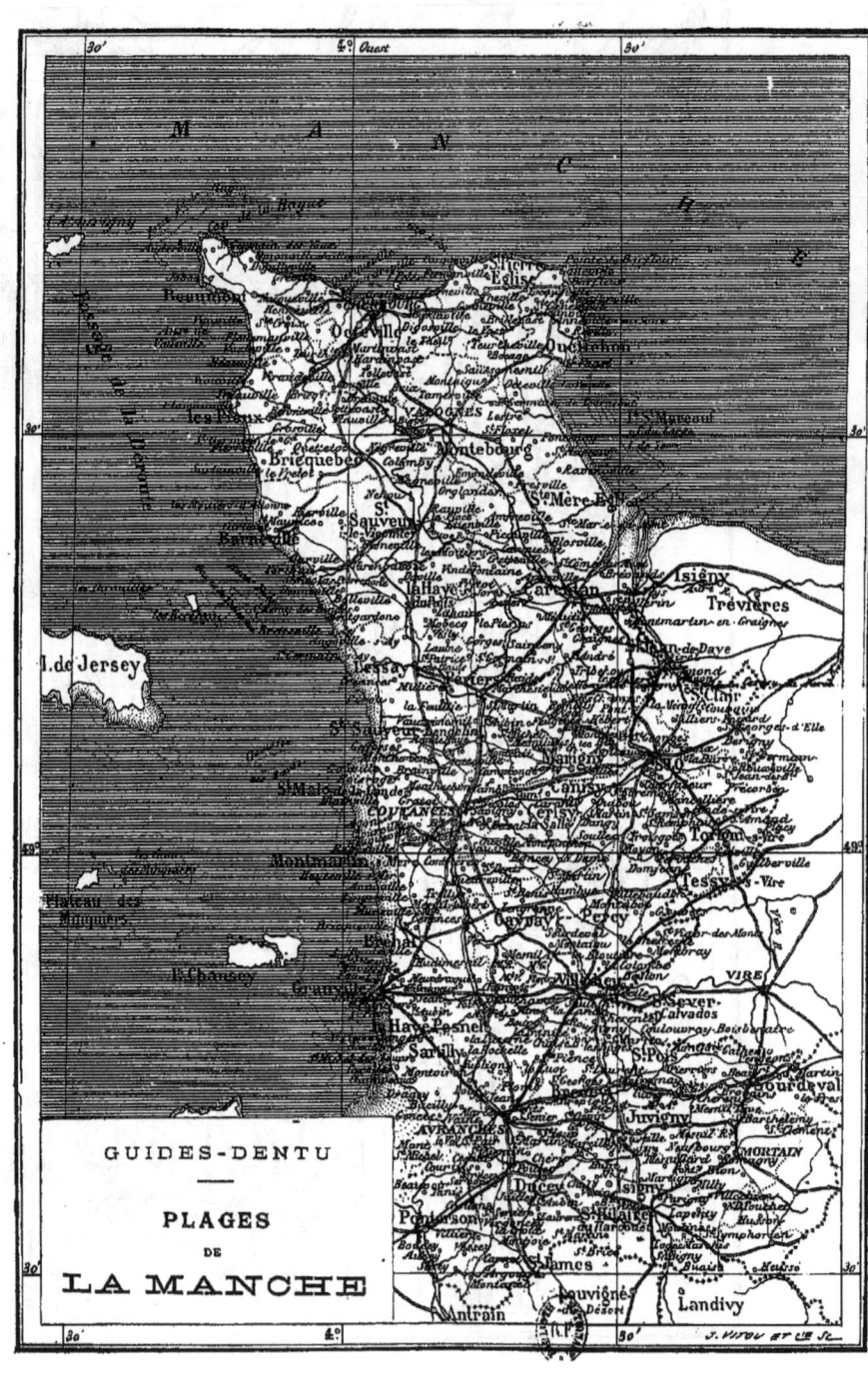

www.ingramcontent.com/pod-product-compliance
Lightning Source LLC
Chambersburg PA
CBHW071535160426
43196CB00010B/1775